SONATINEN

소나티네 앨범

F. Kuhlau | M. Clementi

그래서음악

소나티네를 연습하기 앞서서

● 손가락 번호에 대하여

이 곡집에 사용된 손가락 번호는 어린이의 조건에 맞춘 것이니 이 운지법만이 옳다고 하는 것은 좋은 생각이 아닙니다. 이와 함께 다른 운지법의 손가락 번호를 (　)로 묶어서 제시하고 있습니다. 선생님께서 학습자에 맞는 손가락 번호를 적절히 사용하시기 바랍니다.

● 악곡 형식에 대하여

소나티네는 겹두도막, 겹세도막, 소나타 형식 또는 론도 형식 등의 기악곡 형식으로 되어 있습니다. 이런 악곡 형식에서 주제가 반복되는 부분 또는 대조를 이루는 부분, 다른 주제로 연결시키는 부분 등을 알고 연습하면 빠르게 곡을 외울 수 있으며 곡의 표현에 많은 도움이 됩니다.

● 셈여림과 각 음의 표현

원본에는 표시되어 있지 않지만, 이 소나티네에 사용되는 셈여림표는 각 곡의 분위기에 따라서 같은 셈여림이라도 여러 가지로 표현하고 있습니다.

*cresc.*나 ⟨, *decresc.*, *dim.* 또는 ⟩ 등의 점차적인 셈여림과 $\boldsymbol{pp}$, $\boldsymbol{p}$, $\boldsymbol{mp}$, $\boldsymbol{mf}$, $\boldsymbol{f}$, $\boldsymbol{ff}$ 의 셈여림, 각 음이 지니는 표정 $\boldsymbol{sf}$, $\boldsymbol{sfz}$, $\boldsymbol{pf}$, $\boldsymbol{rf}$, − (테누토), > (악센트), • (스타카토) 등을 보다 상세하게 표기하고 있습니다. 셈여림과 각 음이 나타내는 표정 등은 각 해석본마다 조금씩(어떤 부분은 전혀 다르게) 차이를 보이고 있습니다. 선생님께서 셈여림의 변화를 잘 파악하시고 지도해 주시기 바랍니다.

● 긴 프레이즈, 짧은 슬러(이음줄)의 해석

이 곡집에서는 짧은 슬러와 프레이즈를 나타내는 긴 슬러를 사용하고 있습니다. 비교적 손가락의 연주법에 자연스럽게 어울리는 짧은 슬러도 많이 사용하고 있는데, 이 짧은 슬러들은 악절을 나타내는 긴 슬러와는 다르게 취급해야 합니다. 예를 들어, 같은 음이 두 번 이어져 나올 때는 짧은 슬러로 이를 자연스럽게 끊어서 연주하도록 표현하고 있으며, 어떤 음에 악센트를 넣어서 강조시킬 때도 짧은 슬러를 사용하는 부분이 자주 등장합니다. 이는 긴 프레이즈 안에서의 각 음에 대한 표현이니 프레이즈를 나타내는 긴 슬러와는 구별하여 적용해야 합니다.

● 페달 사용에 대하여

페달에 대한 해석은 각 지도자마다 또는 각각의 학습자에 적용시키기에 많은 차이를 보이고 있습니다. 또한, 페달을 끊어야 하는 위치에 대한 해석도 서로 조금씩 다릅니다. 이 곡집에서는 기존의 해석본에 거의 준하고 있으며, 주로 느린 제2악장에 많이 적용시키고 있습니다.

이 책에 나오는 음악 용어

• 셈여림

$\boldsymbol{pp}$	$\boldsymbol{p}$	$\boldsymbol{mp}$	$\boldsymbol{mf}$	$\boldsymbol{f}$	$\boldsymbol{ff}$
피아니시모	피아노	메조피아노	메조포르테	포르테	포르티시모
매우 여리게	여리게	조금 여리게	즈금 세게	세게	매우 세게

• 빠르기말

Adagio	Andante	Andantino	Moderato	Allegretto	Allegro	Vivaco	Presto
아다지오	안단테	안단티노	모데라토	알레그레토	알레그로	비바체	프레스토
아주 느리게	느리게	조금 느리게	보통 빠르기로	조금 빠르게	빠르게	아주 빠르고 생기 있게	매우 빠르게

• 악상기호 및 용어

기호	읽기	뜻
$\boldsymbol{fz}$	포르찬도	
$\boldsymbol{rf}$	린포르찬도	그 음을 특히 세게
$\boldsymbol{sf}$	스포르찬도	
a tempo	아 템포	본래의 빠르기로
assai	앗사이	매우
con affetto	콘 아페토	애정을 담아서
con espressione	콘 에스프레시오네	표정을 살려서
cresc.	크레셴도	점점 세게
decresc.	데크레셴도	점점 여리게
dim.	디미누엔도	점점 여리게
dolce	돌체	부드럽게
espressivo	에스프레시보	풍부한 표정으로
legato	레가토	부드럽게
leggiero	레지에로	가볍고 경쾌하게
poco a poco	포코 아 포코	서서히, 조금씩
rall.	랄렌탄도	점점 느리게
risoluto	리졸루토	결단력 있게
segue	세구에	계속 이어서 연주
smorz.	스모르찬도	차츰 사라지듯이
sostenuto	소스테누토	지속적으로

차 례

F. Kuhlau
프리드리히 쿨라우

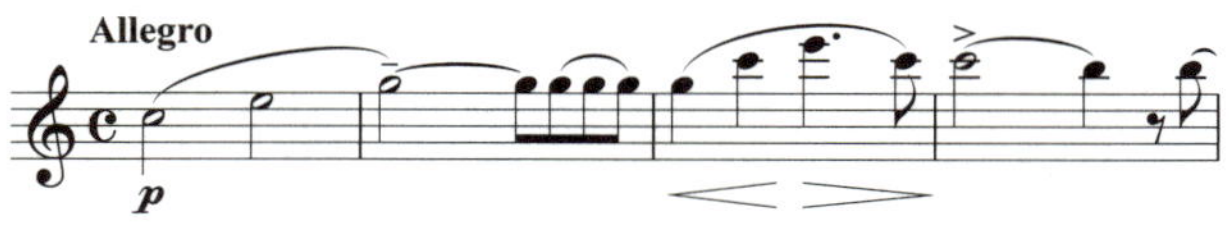

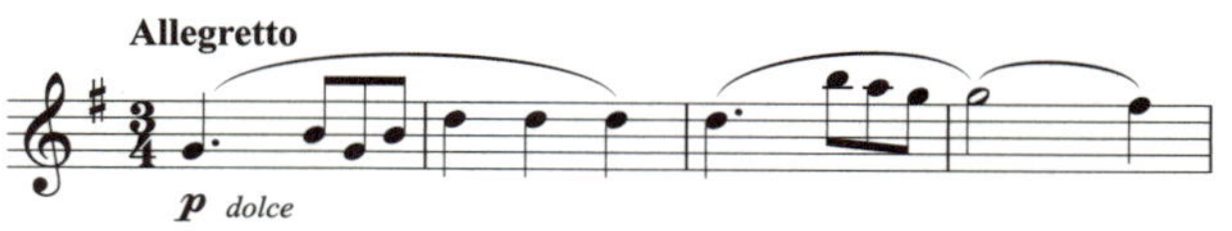

M. Clementi
무치오 클레멘티

<소나티네 앨범>의 각 악장별 난이도

1단계 – 체르니 100번 중반 이후 과정

2단계 – 체르니 100번 후반, 체르니 30번 전반 과정

3단계 – 체르니 30번 과정

4단계 – 체르니 30번 중반 이후 과정

곡명	1악장	2악장	3악장
1. 쿨라우 Op.20 No.1	2단계	2단계	2단계
2. 쿨라우 Op.20 No.2	4단계	4단계	4단계
3. 쿨라우 Op.20 No.3	4단계	4단계	4단계
4. 쿨라우 Op.55 No.1	1단계	2단계	
5. 쿨라우 Op.55 No.2	2단계	3단계	2단계
6. 쿨라우 Op.55 No.3	3단계	3단계	
7. 클레멘티 Op.36 No.1	1단계	2단계	1단계
8. 클레멘티 Op.36 No.2	1단계	1단계	2단계
9. 클레멘티 Op.36 No.3	2단계	1단계	1단계
10. 클레멘티 Op.36 No.4	2단계	3단계	3단계
11. 클레멘티 Op.36 No.5	3단계	3단계	3단계
12. 클레멘티 Op.36 No.6	4단계	4단계	

• 이 소나티네 앨범을 처음 배울 때는 다음 제시하는 1단계 악장부터 시작하세요.

① 7번 곡, 클레멘티 Op.36 No.1, 1악장과 3악장

② 8번 곡, 클레멘티 Op.36 No.2, 1악장과 2악장(2악장은 생략해도 좋음)

③ 4번 곡, 쿨라우 Op.55 No.1, 1악장

선생님께 이후의 연습은 학생의 능력과 성향에 따라 알맞게 선곡하여 지도해 주세요.

악곡의 여러 형식

한 곡의 소나타나 소나티네(작은 소나타)는 보통 3~4개의 독립된 악장으로 나누어져 있습니다.
마치 연극의 제1막, 제2막, 제3막처럼 제1악장, 제2악장, 제3악장 등으로 나누어져 있으며, 각 악장의
시작 부분에 악장 표시 또는 곡의 빠르기를 표시하는 경우가 대부분입니다.
이런 몇 개의 악장이 모여서 한 곡의 소나타 또는 소나티네가 됩니다. 그러므로 소나타라고 할 때 우리
는 몇 개의 악장으로 이루어져 있다는 것을 알게 됩니다.

1. 두도막 형식 (2부 형식)

A와 B의 2부분으로 이루어져 있는 곡을 말합니다. 이를 'AB형식'
이라고도 부르며, B부분은 A와 대조를 이루고 있습니다. 각 부분은
보통 도돌이표를 사용하여 반복합니다.

$$\|: A :\| + \|: B :\|$$

2. 돌림 두도막 형식 (순환 2부 형식)

두도막 형식이지만 B부분 뒤에 A부분을 추가시키는 악곡 형식을 말
합니다. 각 부분은 보통 도돌이표를 사용하여 반복합니다.

$$\|: A :\| + \|: B - A :\|$$

3. 세도막 형식 (3부 형식)

A, B 다시 A부분으로 되어 있습니다. 이를 'ABA형식'이라고도 하
며, 보통 소나타나, 소나티네의 제2악장에 많이 사용하는 악곡 형식
입니다. 뒤에 종결구인 코다(Coda)가 따르기도 합니다.

$$A + B + A \,(Coda)$$

4. 겹세도막 형식

두도막 또는 세도막 형식으로 되어 있는 부분이 3개 모여서 구성을 이룹니다. 소나타에서는 3악장에 자주 쓰이는 악곡 형식으로, 3박자의 미뉴에트, 왈츠 또는 스케르초에 사용됩니다. 중간부인 B 부분은 A 부분과 대조를 이루며 이 부분을 특히 '트리오'라고 합니다. 특히 A부분을 D.C.(다 카포)로 반복하는 겹세도막 형식을 '다 카포(D.C.)형식'이라고 합니다.

5. 소나타 형식 (알레그로 소나타 형식)

여러 악장으로 되어 있는 소나타의 한 악장을 이루는 악곡 형식을 말하며, 소나타(소나티네)에서 빠른 템포의 제1악장 또는 마지막 악장에 이 '소나타 형식'을 주로 사용합니다.

• 소나타 형식의 구조

제시부 - 제1주제와 1주제의 5도 위의 조성인 딸림조로 제2주제를 제시합니다.

발전부 - 제시부의 주제 부분을 전개 시키며, 전개부라고도 합니다.

재현부 - 제시부의 주제를 다시 재현시킵니다. 재현부의 큰 특징은 제시부에서 딸림조로 등장했던 제2주제를 재현부에서는 제1주제의 조성(으뜸조, 원조)과 같은 으뜸조로 조바꿈 없이 나타납니다. 이어서 코다(종결 부분)로 곡을 끝냅니다.

제시부	발전부	재현부
제1주제 - 으뜸조 제2주제 - 딸림조 종결구(코다) - 딸림조	제시부 주제의 요소들을 전개, 발전시킴	제1주제 재현 - 으뜸조 제2주제 - 으뜸조 종결구(코다) - 으뜸조

6. 론도 형식

'돈다'라는 뜻을 지닌 론도라는 단어를 사용한 악곡 형식입니다. 주제 A 부분이 다른 부주제(또는 에피소드라고 합니다)를 사이에 두고 계속 반복 등장합니다.

① 왼손 펼침화음은 너무 크지 않게 4박자의 리듬을 타면서 둥근 손 모양을 유지하세요.
② 같은 음 손가락 바꾸기는 손가락이 건반에서 미끄러지지 않도록 손가락을 세워서 치세요.

SONATINE

Op.20, No.1

 • 제1악장 - 소나타 형식, 다(C)장조, C(4분의 4박자)

③ 31마디까지의 음계에서 3-1, 4-1번 손가락 넘기기를 할 때 리듬이 느려지지 않도록 충분히 연습하세요.

④ 왼손 음계는 단숨에 고르게 치세요. 오른손 겹음 스타카토와 주고받기
⑤ 제1주제가 재현됩니다. 왼손 펼침화음은 주제 가락보다 작고 예쁘게 치세요.

⑥ 음계의 가장 높은음 3번 손가락을 지나치지 않도록 연습하고, 75마디의 같은 음계는 **p**로 치면서 73마디와 대조를 이루세요.

• 한 마디를 8분음표♪6박으로 천천히 셉니다(◎○○◯○○).

안단테
Andante 느리게

• 제2악장 - 두도막 형식, 바(F)장조, 8분의 6박자

RONDO

알레그로
Allegro 빠르고 경쾌하게

• 제3악장 - 론도 형식, 다(C)장조, 4분의 2박자

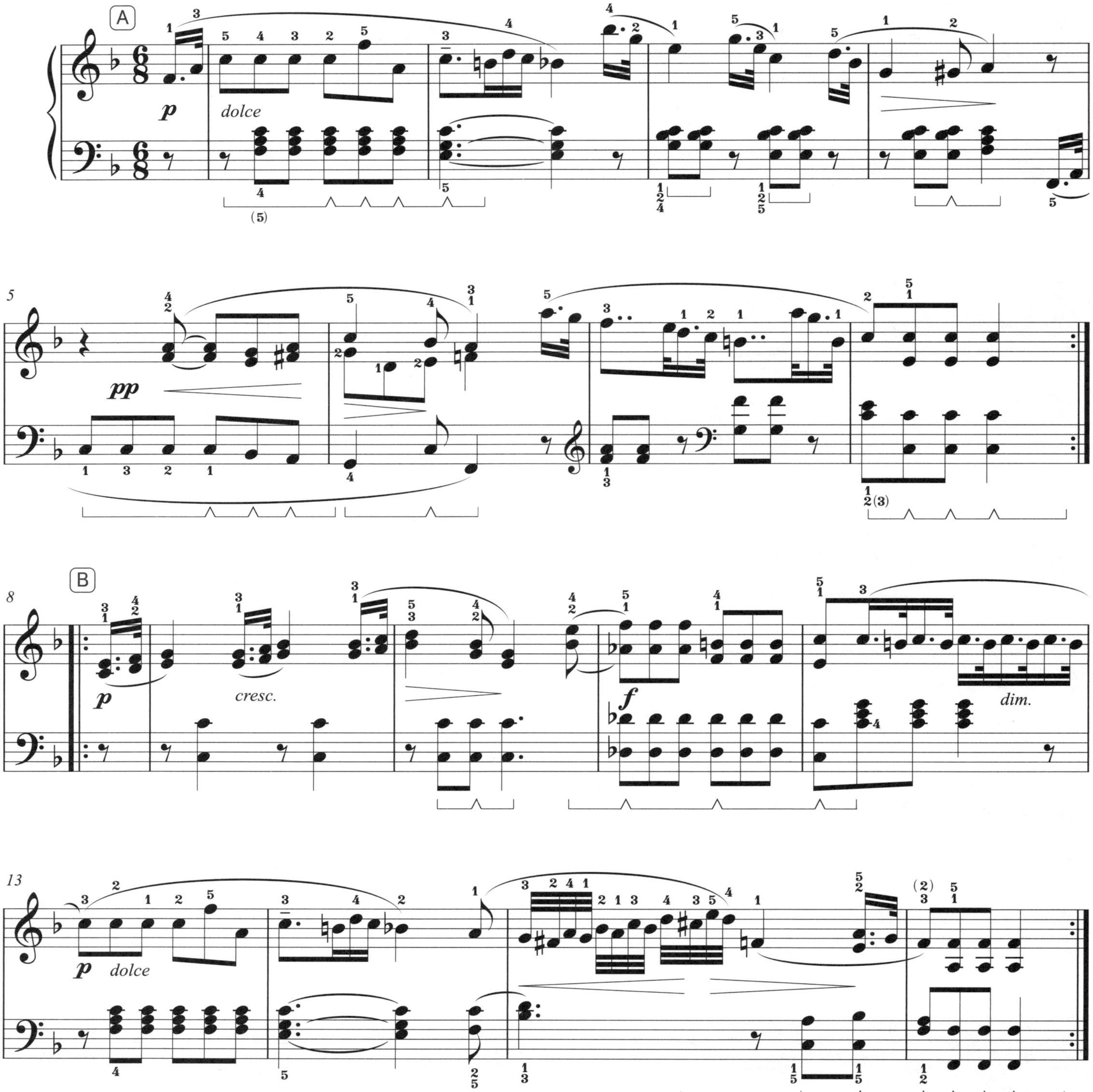

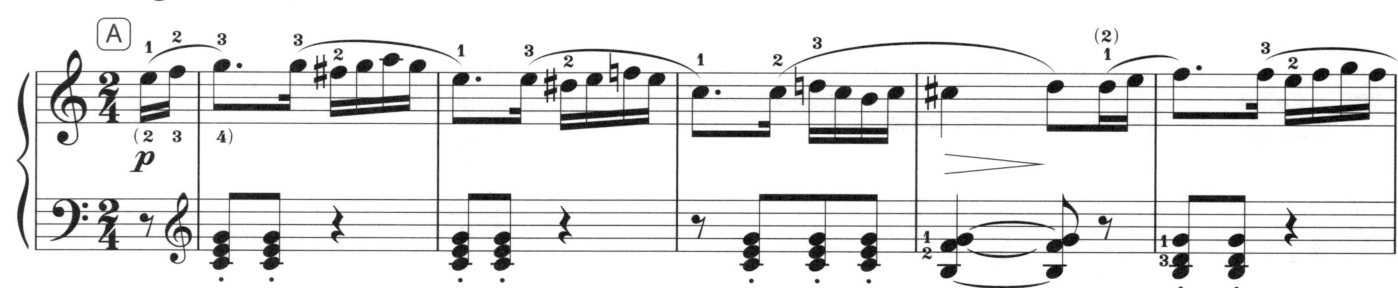

• *legato*(레가토) - 이어서

② 중간부는 단조로 바뀝니다. 좀 더 조용히 연주하세요. 왼손 5번 손가락(핑거 페달)은 미리 떼지 말고 제 박을 지속시켜 주세요.

14

③ 같은 모양으로 내려오는 1243의 손 모양을 유지시켜 주세요.

* *rall.*(랄렌탄도) - 점점 느리게, *a tempo*(아 템포) - 본래의 빠르기로

④ 1-3번 넘기기와 1-4번 넘기기 중 음계를 치기 쉬운 손 번호를 사용하세요.
2박자 ◎ ○의 셈여림을 마음으로 새기며 손가락 번호를 외우도록 연습하세요.

코다
legato
cresc.
f
p
cresc.
f
p
f
cresc.
f
p
dolce
mp
p cresc.
f
ff
17

SONATINE

Op.20, No.2

 • 제1악장 - 소나타 형식, 사(G)장조, 4분의 3박자

③ 양손 2:3 리듬을 잘 칠 수 있도록 충분히 반복 연습하세요.

19

 • *poco a poco dim.* (포코 아 포코 디미누엔도) - 조금씩 조금씩 점점 여리게

④ 1-3 넘기기와 1-4 넘기기 중 손에 잘 맞는 손가락 넘기기를 사용하세요.

22 • 재현부는 제1주제 없이 바로 제2주제(원조인 사장조로)가 나옵니다.

131
p dolce
137
sf
sf
f
142
dim.
146
p
f
p
코다
150
f
p
cresc.
154
f
ff
23

• 8분음표 ♪를 "하나"로 세면서 느리게 *con espress.* (콘 에스프레시오네-표정을 담아서)로 연주하세요.

 • 제2악장 - 세도막 형식, 내림마(E♭)장조, 4분의 2박자

① 겹음은 페달을 충분히 사용하며 손가락이 꼬이지 않도록 각 손가락의 건반 자리를 미리 확인하세요.

A'
코데타

• 빠른 춤곡풍의 8분의 6박자입니다. 한 마디를 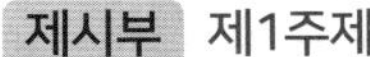의 2박으로 세면서 연습하세요.
① 7잇단음의 음계는 1번 손가락을 기준으로 세면서 연습하세요.

제시부 제1주제

알레그로   스케르찬도
Allegro scherzando 빠르고 익살스럽게

 • 제3악장 - 전개부가 없는 소나타 형식, 사(G)장조, 8분의 6박자

② 주제가 왼손에 나오는 경과구입니다. 꾸밈음은 강조하지 말고 치세요.
③ 제2주제는 8분쉼표를 잘 지켜서 리듬을 읽으세요.

27

④ 반음계는 자신에게 잘 맞는 손가락 번호를 외우세요.

• *cresc. assai*(크레셴도 앗사이) - 점점 더 빠르게

제2주제

• *poco a poco decresc.* (포코 아 포코 데크레셴도) - 조금씩 조금씩 점점 여리게

① 제1주제는 4마디의 프레이즈입니다. *f*와 *sf*의 셈여림과 다양한 리듬의 변화를 잘 살려서 연주하세요.
② 셋잇단음표의 짧은 연결구는 느려지거나 리듬이 흐트러지지 않도록 제 박을 지키세요.

SONATINE

Op.20, No.3

F. Kuhlau(1786~1832)

알레그로　콘　스피리토
Allegro con spirito 빠르고 활기있게

 • 제3악장 - 소나타 형식, 바(F)장조, 4분의 4박자　• *fp* - 세게 치고 곧바로 여리게

③ 양손 주고받는 음계는 박자를 잘 지켜서 *poco a poco cresc.* (조금씩 조금씩 점점 세게)로 연주하세요.
④ 왼손을 넘어가는 오른손은 치는 건반 자리를 미리 확인하세요.

⑤ 손이 작은 학생은 이와 같이 쳐도 좋습니다.

⑥ 갑자기 나타나는 셋잇단음표의 리듬이 흐트러지지 않도록 왼손 박자에 맞추세요.

 • ***f*** *e con affetto*(에 콘 아페토) - ***f***로 그리고 애정을 담아서

• *con espressione* (콘 에스프레시오네) - 표정을 살려서

fp
fp
dolce
p
cresc.
sf
p
sf
p
제2주제
poco a poco cresc.
sfz
dim.
36

코다

 • 제2악장 - 세도막 형식, 내림나(B♭)장조, 8분의 6박자

② 왼손 16분음표 + 7잇단음은 8분음표 ♪ "하나"로 세는 리듬 속에 맞춰서 연습하세요.

• *staccato assai*(스타카토 앗사이) - 스타카토를 매우 지켜서

33
fp
p
1.
2.
코다
36
cresc.
dim.
cresc.
39
fp
fp
cresc.
dim.
42
p
dolce
smorz.
40

• 둘째 마디의 동형진행은 손가락 번호를 외우고 구슬 구르듯이 매끄럽게 되도록 연습하세요.

• 제3악장 - 론도 형식, 바(F)장조, 빠른 폴란드 춤곡풍의 4분의 3박자

41

② rf(린포르찬도 - 특히 세게)는 그 음만 특히 세게 치지 말고 이어지는 프레이즈를 포함해서 세게 치고, 다음 마디의 f와 sf까지
이어주세요.

25
29
A
33
37
C
41
44
f
dim.
p
mf
cresc.
dim.
sf
f sf
sf
p
rf ②

42

③ 반음계는 손가락 번호를 외우세요. 4번은 사용하지 않고, 검은건반에 3번 손가락이 옵니다.

45

① 왼손 둘째 박 2분음표는 자연스러운 당김음이 되도록 너무 세게 치지 말고 악센트 없이 건반 깊숙이 눌러주세요.
② 두 음 이음줄은 첫 음은 누르고(↓) 다음 음은 살짝 힘을 뺀 (↑)의 느낌으로 치세요.

SONATINE

Op.55, No.1

F. Kuhlau(1786~1832)

 • 제1악장 - 소나타 형식, 다(C)장조, 4분의 4박자   • ***sf*** (스포르찬도), ***rfz*** (린포르찬도) - 그 음을 특히 세게

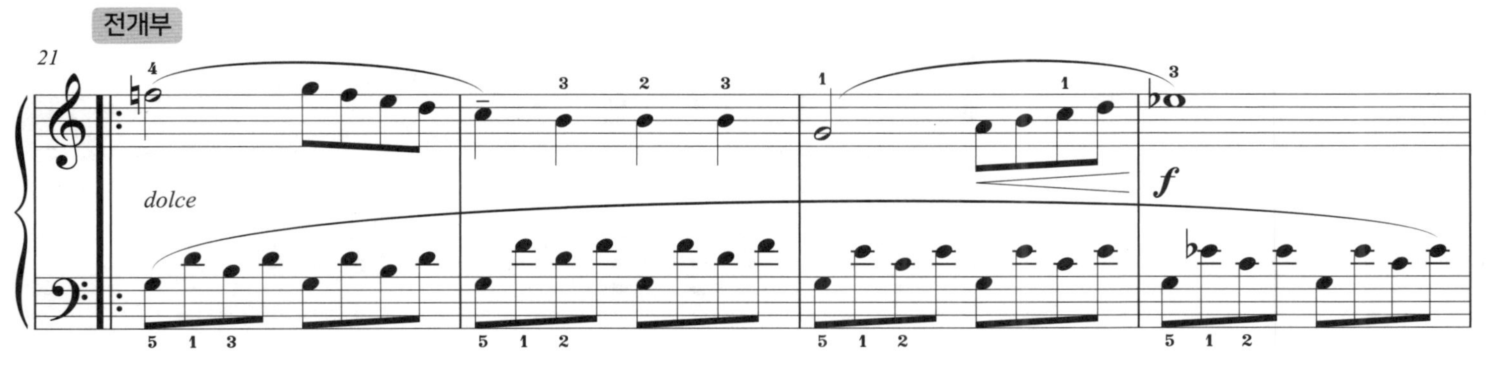

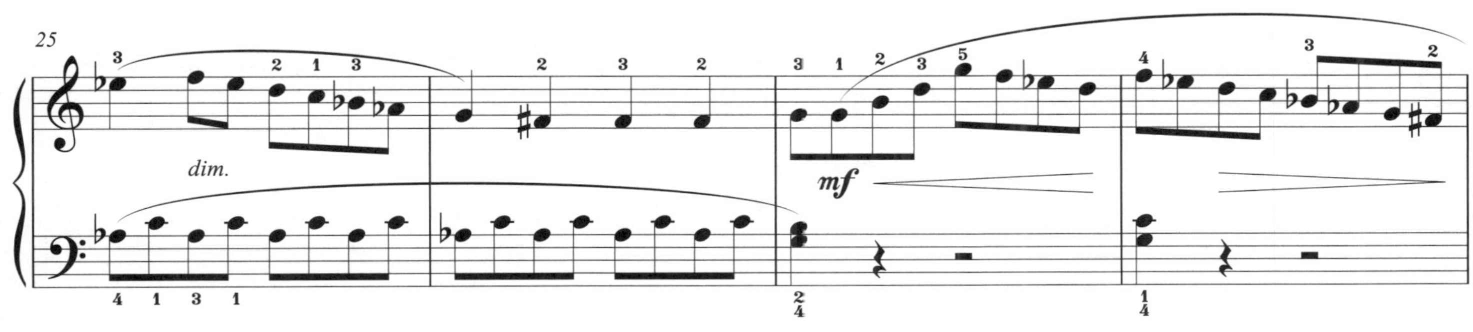

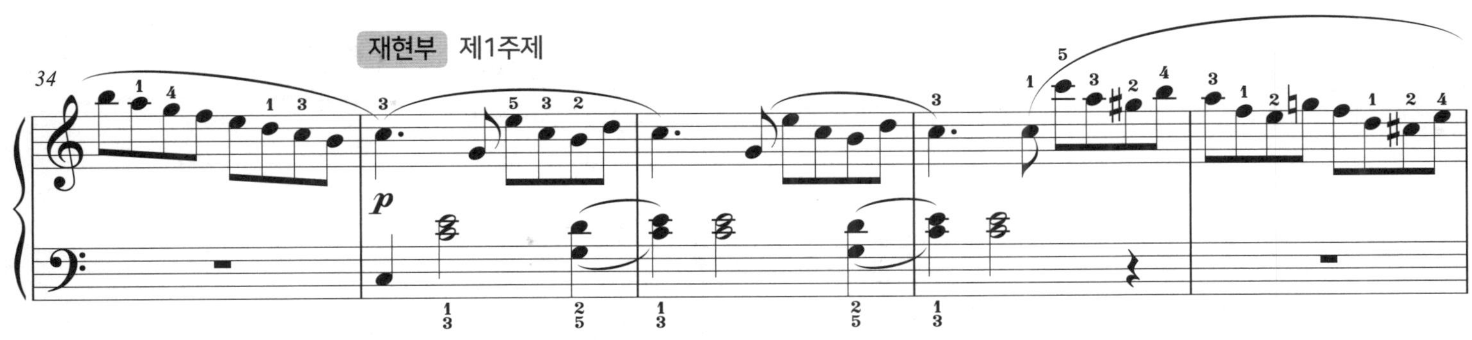

• *dolce*(돌체) - 부드럽게

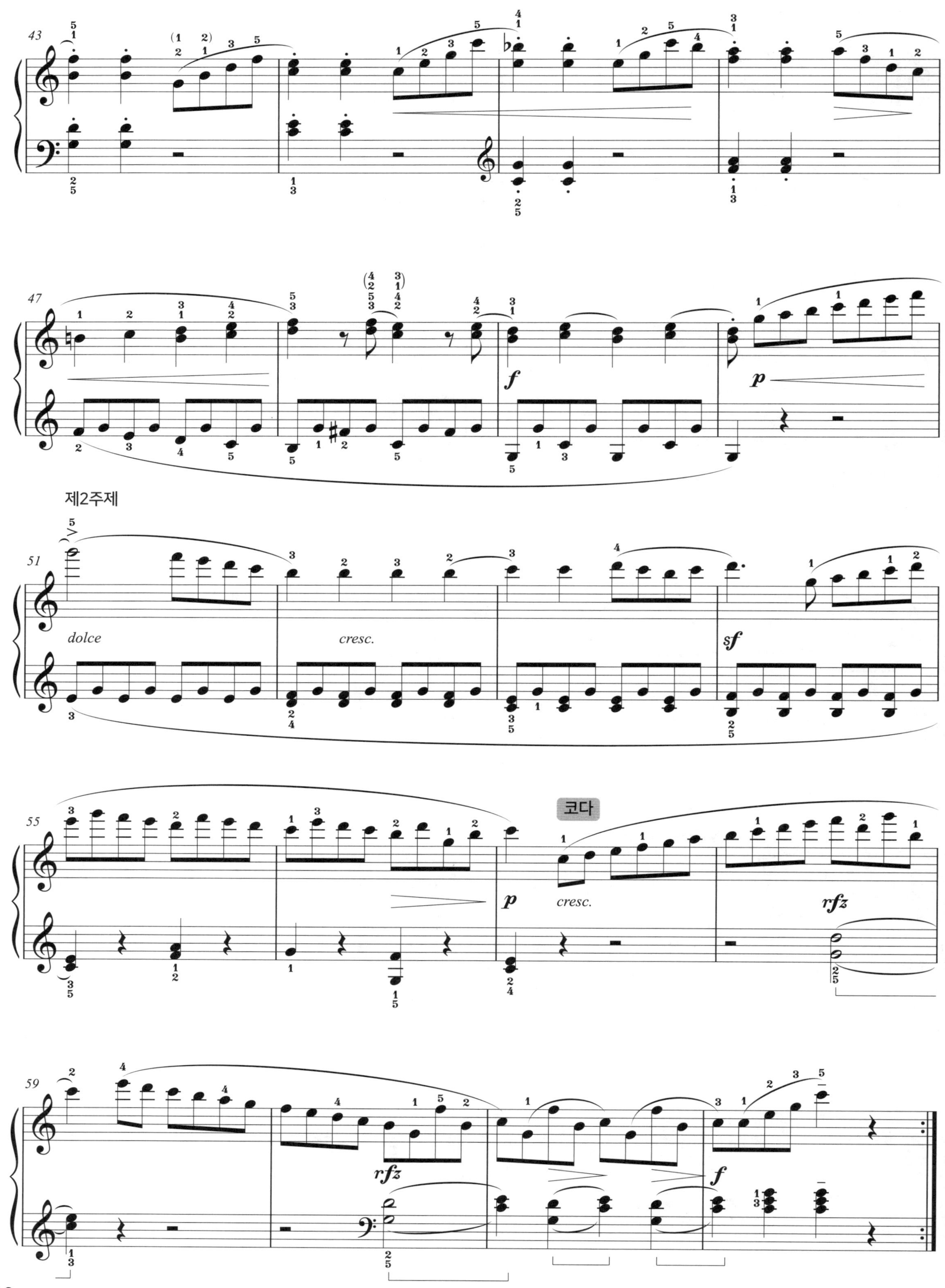

제2주제
코다
dolce
cresc.
sf
p
cresc.
rfz
rfz
f
f
p
f

• ***p***와 ***f***의 대조, 스타카토, 테누토 등 여러 악상을 잘 표현해 보세요.
① 반음계는 손가락 번호를 외우세요. ( )안에 적은 번호로도 연습해보고 잘 맞는 번호를 사용하세요. 검은건반에 3번 손가락이 옵니다.

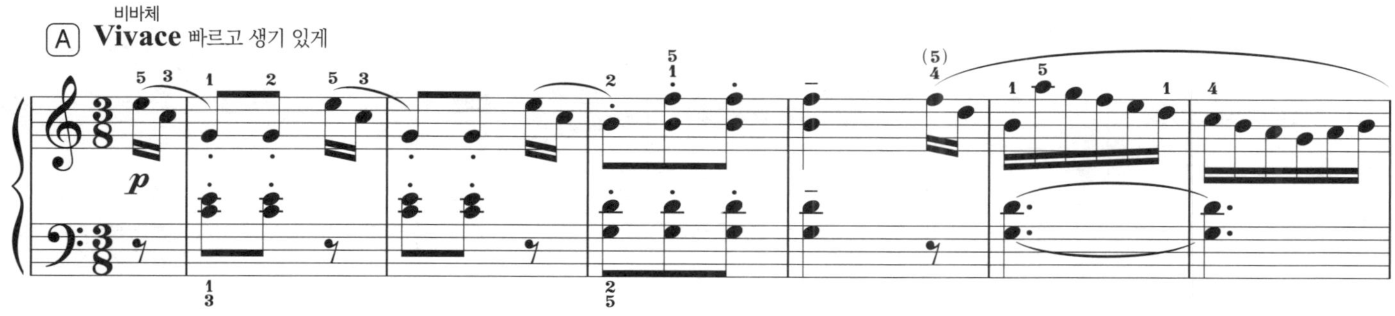

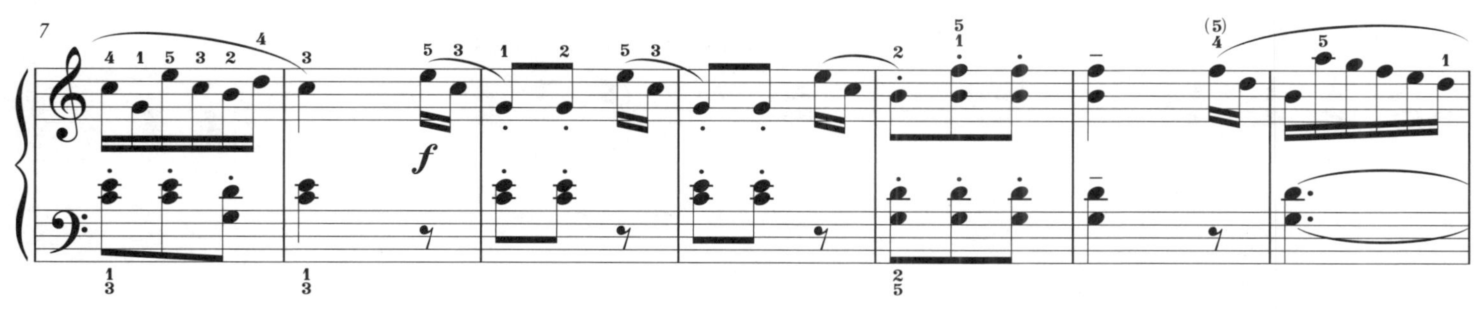

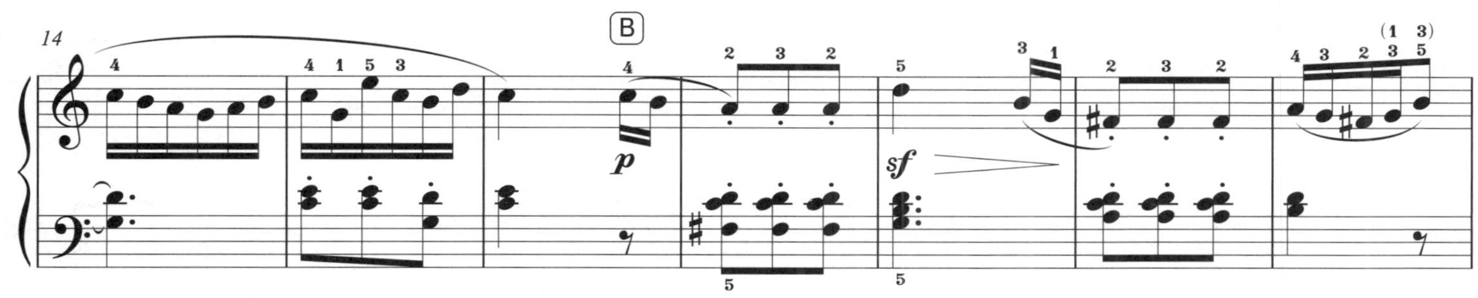

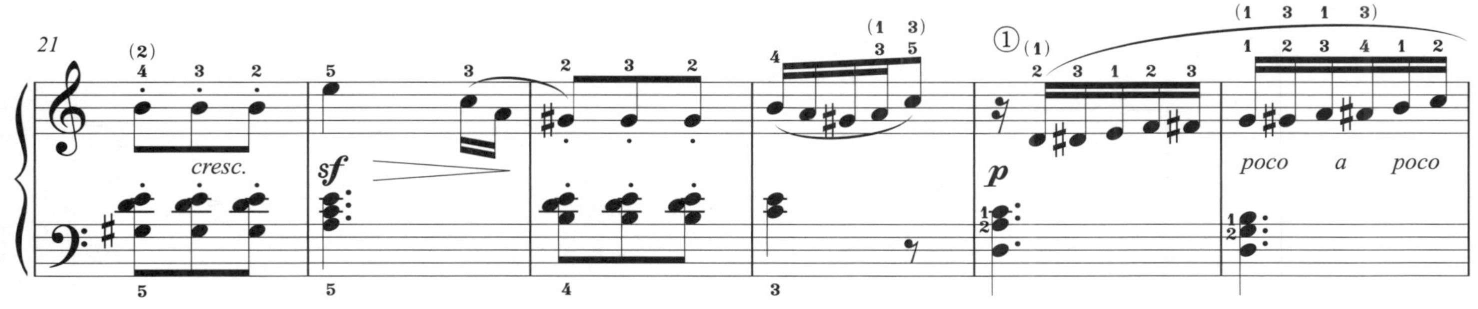

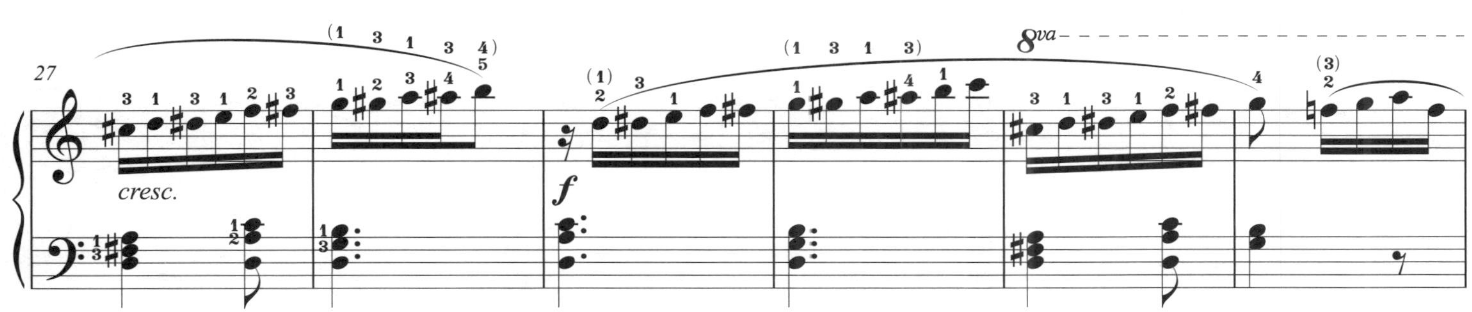

• 제2악장 - 론도 형식, 다(C)장조, 8분의 3박자

② 바(F)장조로 조가 바뀌는 중간부입니다. 부드럽게 표정을 바꿔서 표현해 보세요.

50 • *espressivo* (에스프레시보) - 표정을 담아서

B'
코다
51

SONATINE

Op.55, No.2

 • 제1악장 - 소나타 형식, 사(G)장조, 4분의 3박자

③ 음계를 칠 때는 반복되는 1-3, 1-4 손가락 넘기기에서 리듬이 흐트러지지 않도록 치세요.

• *sfz* (스포르찬도) - 특히(갑자기) 세게

• *legato assai*(레가토 앗사이)를 지켜서 충분히 레가토로 음을 이어주세요. 페달을 잘 사용하면 좋습니다. 오른손 부점과 꾸밈음 연주는 왼손 반주의 리듬에 맞추세요.

 • 제2악장 - 두도막 형식, 다(C)장조, 4분의 3박자

• 오른손 음계를 칠 때는 손목을 상하로 움직이지 말고, 음계의 진행 방향에 따라 좌우로 자연스럽게 움직여주세요.
① 같은 음 손가락 바꾸기에 집중해 주세요.

• 제3악장 - 변형된 겹세도막 형식, 사(G)장조, 4분의 2박자   • scherz.(스케르초) - 익살스럽게

56

③ 반음계는 검은건반에 3번 손가락이 오도록 치는 것이 좋습니다.

④ 짧은 이음줄에 이어지는 4분음표는 충분히 눌러주세요(테누토 느낌으로).

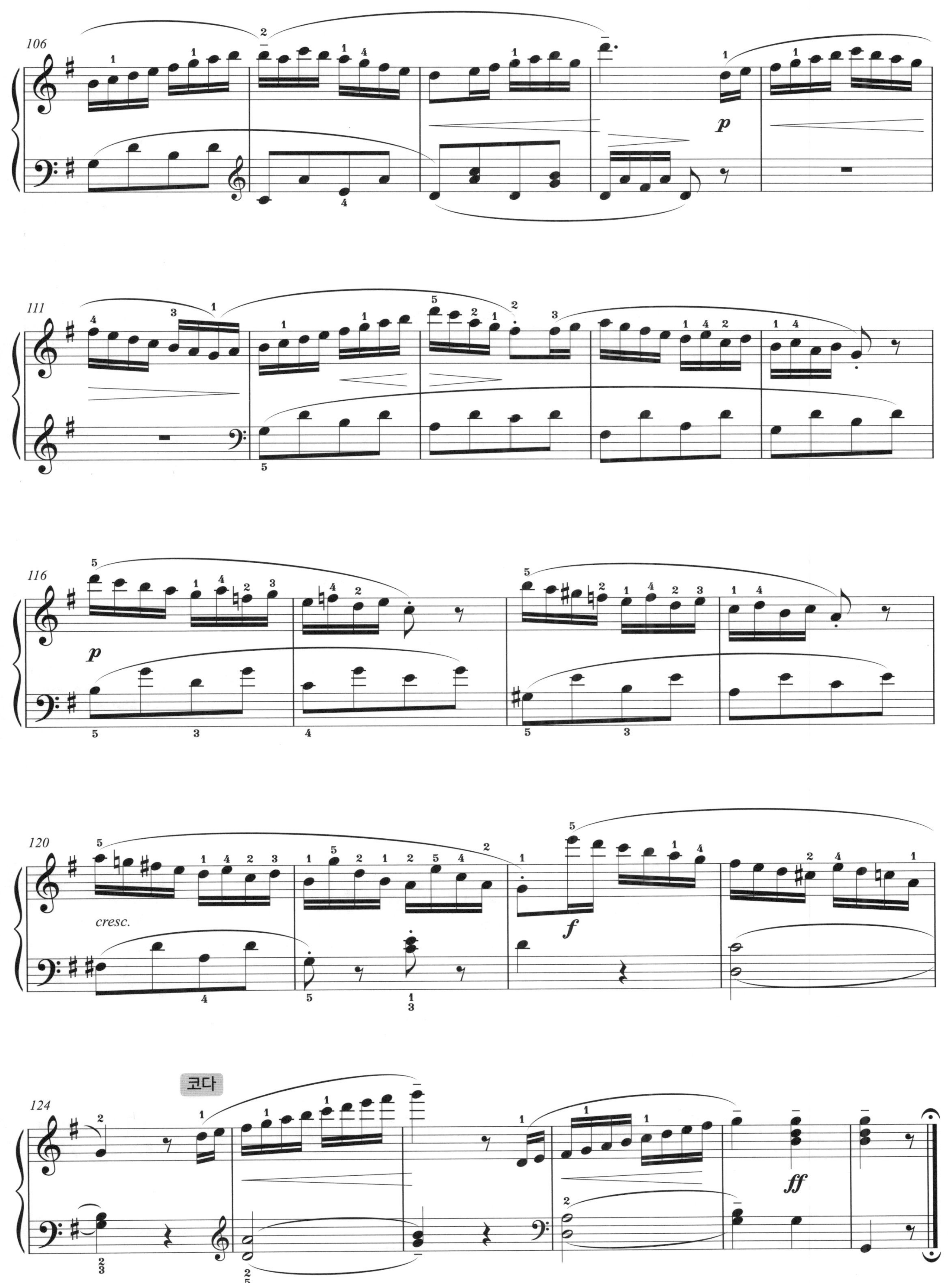
코다

① 6도 겹음을 누르는 손 모양을 유지하고 리듬이 흐트러지지 않게 치세요.
② 빠른 경과구 음계는 1-3, 1-4 손가락 넘기기를 외워서 치도록 하세요. 왼손은 4박 동안 건반에서 손을 떼지 말고.

SONATINE

Op.55, No.3

• 제1악장 - 소나타 형식, 다(C)장조, 4분의 4박자

③ 재현부는 제1주제를 생략하고 빠른 경과구부터 시작합니다.

전개부
cresc.
p
dolce
cresc. sempre
f
dim.
p
③ 재현부 경과구
f
p
f

제2주제
코다
62

① 짧은 슬러에 이어지는 스타카토는 건반의 반동을 이용하세요.
② 양손 꾸밈음이 함께 맞도록 연습하세요. 그리고 꾸밈음을 너무 강조하지 말고 치세요.

• 제2악장 - 론도 형식, 다(C)장조, 4분의 2박자

64 • *smorz.* (스모르찬도) - 사라지듯이, 꺼져가듯이

• 박자표 **C** 는 2분의 2박자입니다. 한 마디를 ♩의 2박으로 세면서 연습하세요.

① 오른손 4231 손가락 이동은 둥근 손 모양을 유지하고 구슬 구르듯이 깨끗하게 치세요.

SONATINE

Op.36, No.1

M. Clementi(1752~1832)

 • 제1악장 - 소나타 형식, 다(C)장조, **C** 2분의 2박자

② 왼손이 **f**의 멜로디입니다. 오른손은 멜로디보다 작게 치세요.
③ 제1주제가 다시 나오는 재현부입니다. 제시부의 주제와 대조적으로 **p**로 연주합니다.

• 천천히 걷는 걸음걸이 정도로 연주하세요.
① 왼손 셋잇단음 반주에 오른손 트릴을 맞추세요.

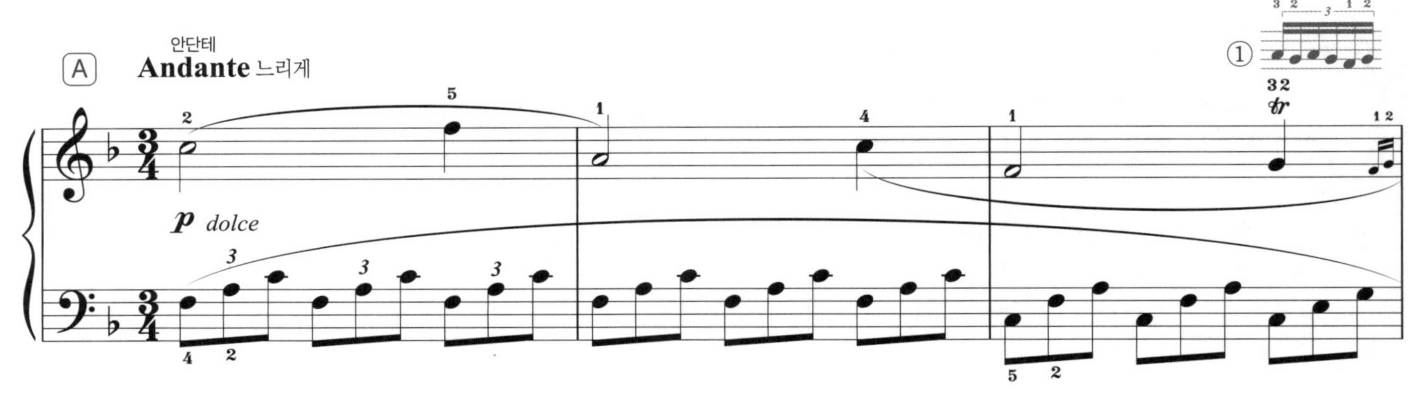

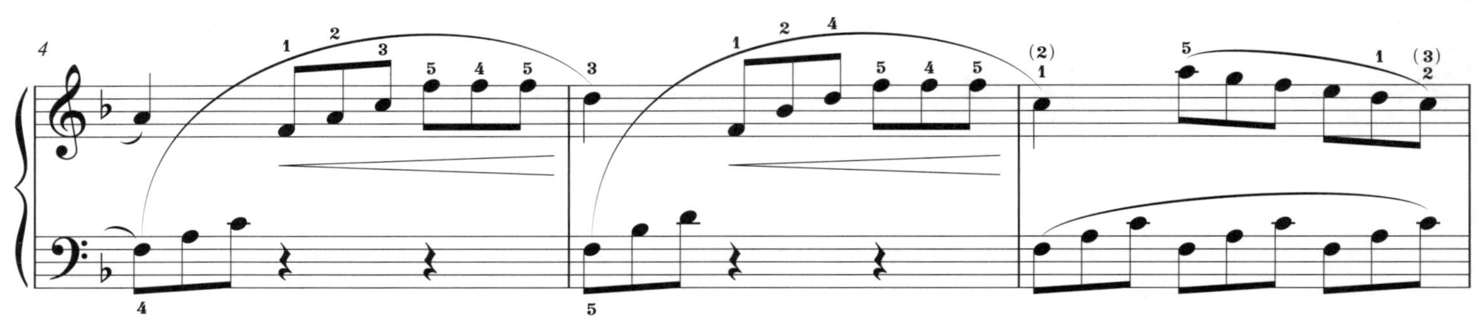

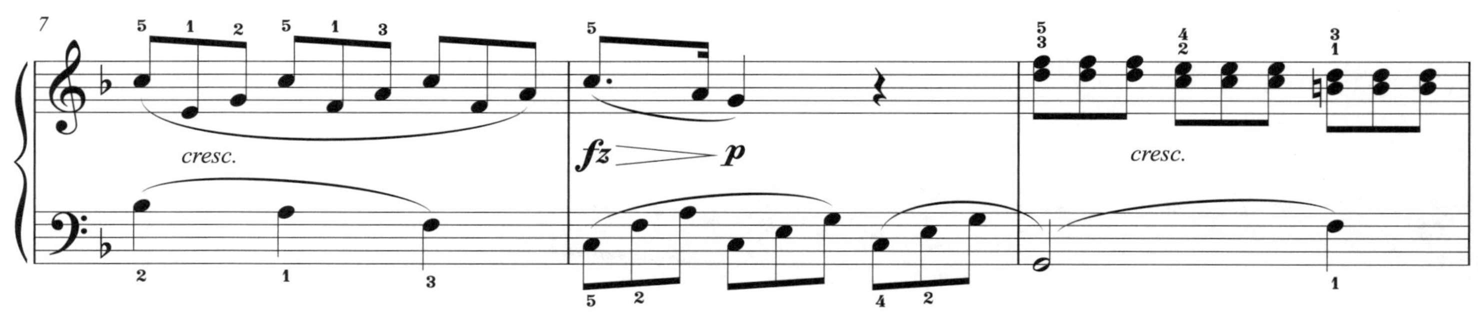

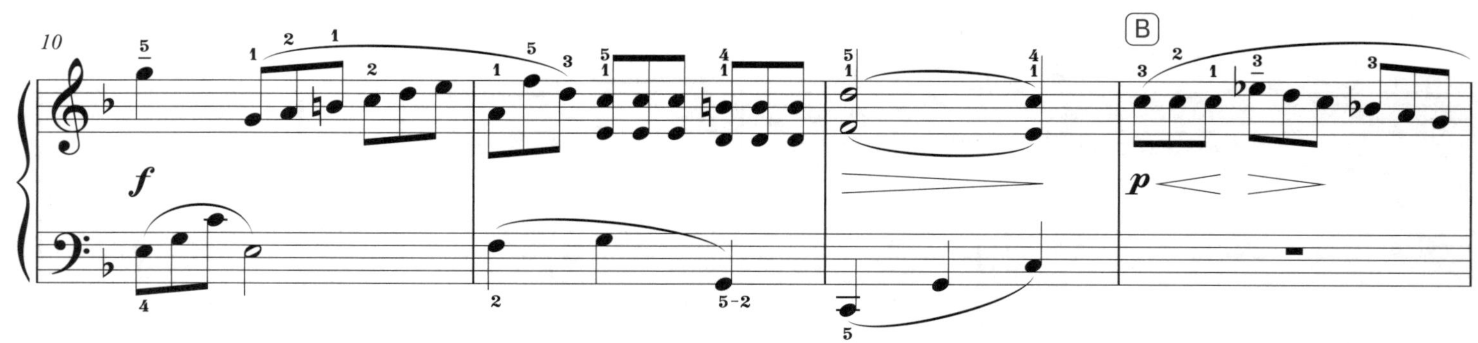

 • 제2악장 - 세도막 형식, 바(F)장조, 4분의 3박자

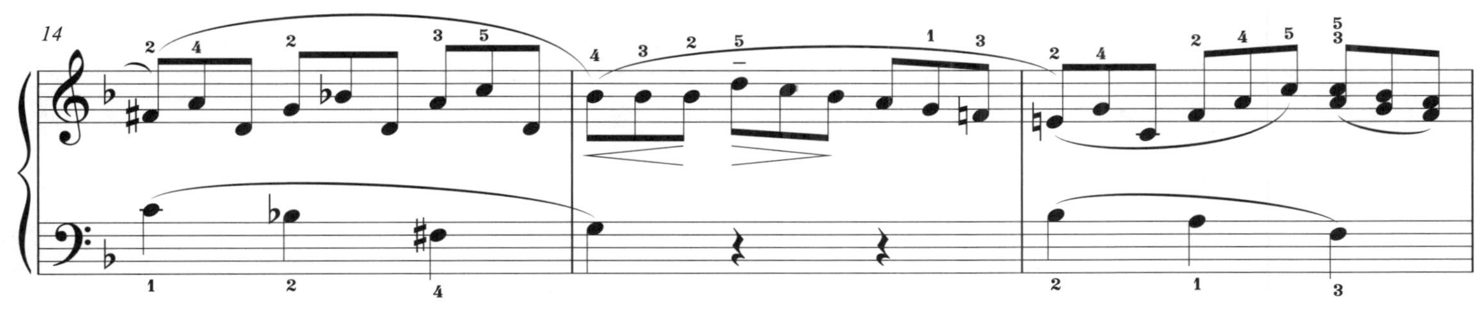

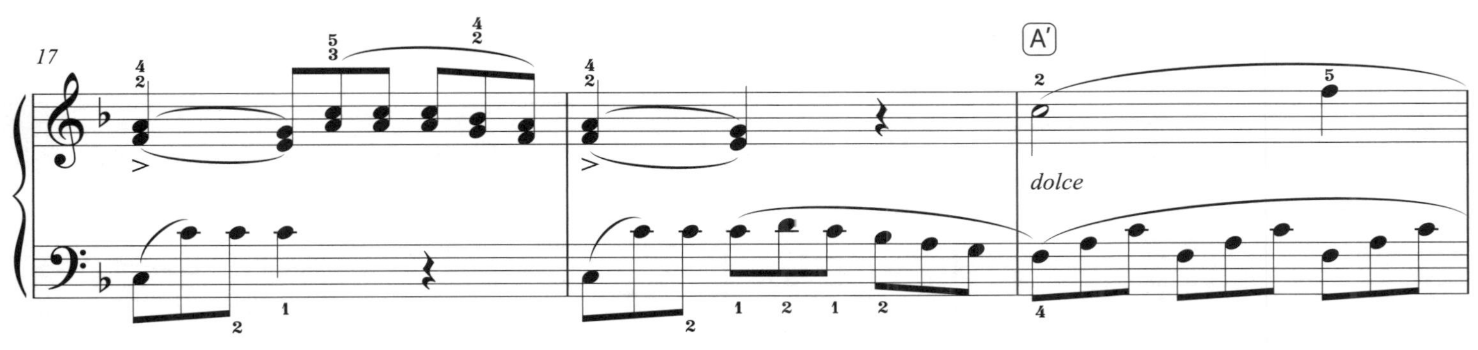

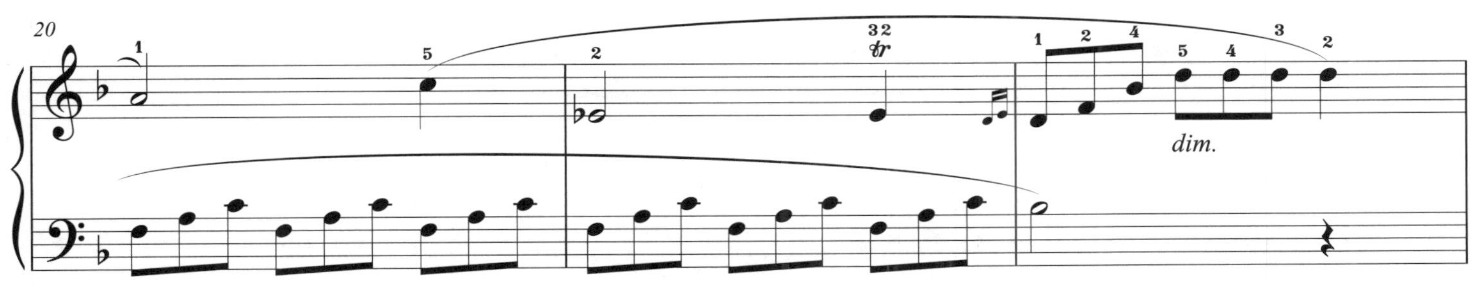

• 4마디를 하나의 프레이즈로 왼손 반주를 이어주세요.
① 처음 주제는 **p**로, 9마디에서 반복되는 주제는 **f**로 대조를 이루세요.

  • 제3악장 - 겹두도막 형식, 다(C)장조, 8분의 3박자   • *dim.*(디미누엔도) - 점점 여리게

② 음계는 손가락 번호를 잘 지키고, 1-3 또는 1-4 손가락 넘기기에서 리듬이 흐트러지지 않도록 고르게 연습하세요.

① 두 음을 잇는 짧은 이음줄은 앞 음에 조금 힘을 주어 누르고(↓) 이어지는 음은 누른 후 힘을 빼고(↑) 손목을 살짝 들어 올리세요.

SONATINE

Op.36, No.2

 • 제1악장 - 소나타 형식, 사(G)장조, 4분의 2박자

• *poco rit.* (포코 리타르단도) - 조금 점점 느리게, *a tempo* (아 템포) - 본래의 빠르기로

• 부점리듬을 잘 살려서 부드럽게 연주하세요.

 • 제2악장 - 세도막 형식, 다(C)장조, 4분의 3박자   • *sfz*(스포르찬도) - 음이나 화음을 특히 세게

① 같은 음 손가락 바꾸기는 건반에서 손가락이 미끄러지지 않도록 바로 세우고 둥근 손 모양을 유지하세요.

• 제3악장 - 겹세도막 형식, 사(G)장조, 8분의 3박자　　• **fz**(포르찬도) - 특히 세게

④ *dim.*(점점 여리게) - *rit.*(점점 느리게) - ⌢ (늘임표) 이후 *a tempo*(본래의 빠르기로)를 지켜서 표현해 보세요.

77
83
A'
89
95
코다
101
106
cresc.
fz
fz
fz
p
cresc.
f
f
79

① 왼손 반주 음형은 5번 손가락에 너무 힘이 들어가지 않도록 고른 소리가 날 때까지 꾸준히 반복 연습하세요.
② 겹음의 건반 자리와 손가락 번호를 미리 파악해서 외우세요.

SONATINE

Op.36, No.3

M. Clementi(1752~1832)

제시부 제1주제

스피리토소
Spiritoso 힘차고 생기 있게

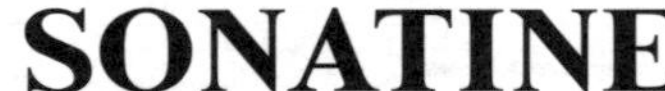

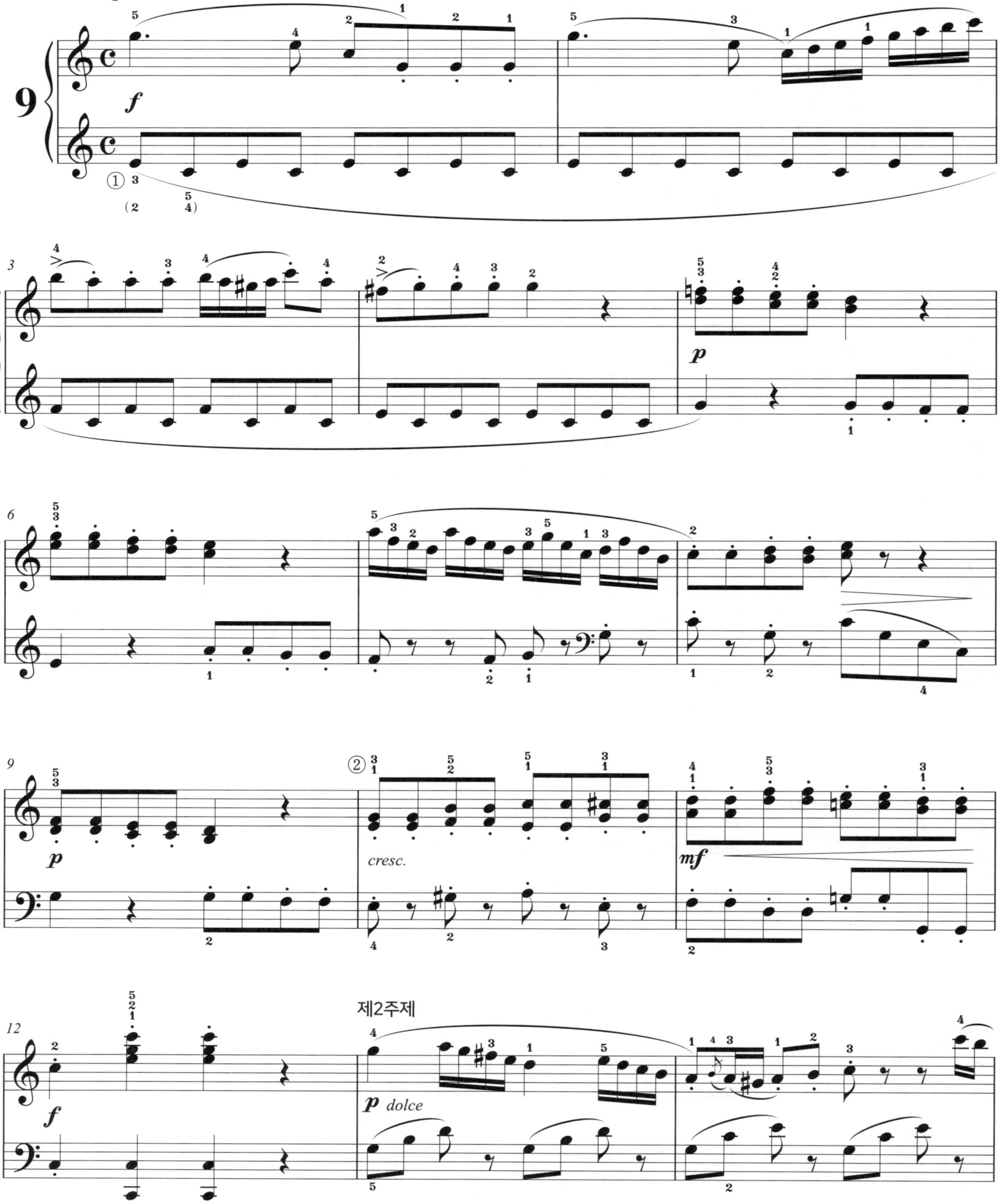

• 제1악장 - 소나타 형식, 다(C)장조, 4분의 4박자

③ 오른손 트릴은 왼손 8분음표의 리듬에 맞추세요.

전개부

④ 양손 반진행은 특히 오른손 겹음 치는 손가락 번호와 건반 자리를 외우세요.

코다

• ₵ (2분의 2박자) 한 마디를 ◎ ♩ ○ ♩ 로 천천히 읽으면서 연습하세요.
　　　　　　　　　　　　하 나 두 울

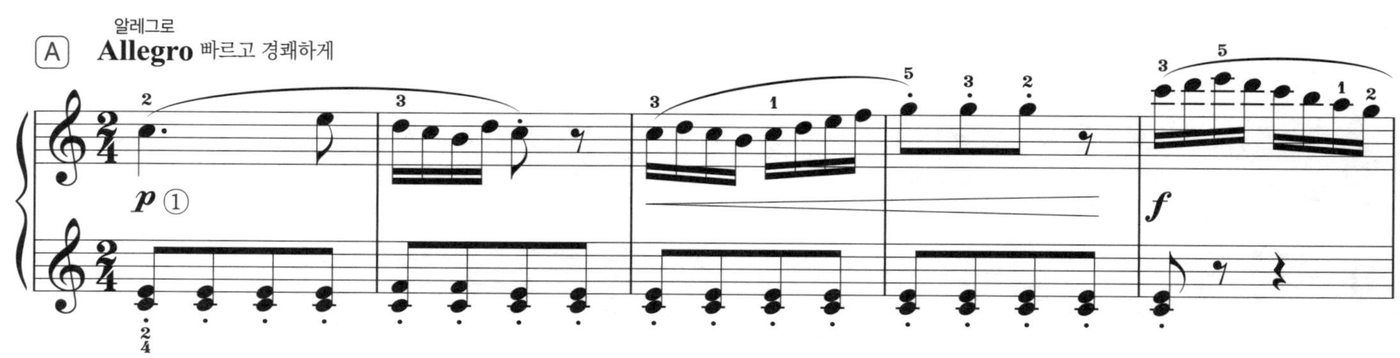

• 제2악장 - 두도막 형식, 사(G)장조, 2분의 2박자

 • 제3악장 - 겹두도막 형식, 다(C)장조, 4분의 2박자

① 왼손 겹음 스타카토는 손가락을 바로 세우고 건반과 많이 떨어지지 않게 건반의 반동을 이용하세요.

• *fz*(포르찬도) - 특히 세게

• *poco a poco dim.* (포코 아 포코 디미누엔도) – 조금씩 조금씩 점점 여리게

① 5번 손가락에 약한 악센트를 넣어서 리듬을 읽으면 치기에 편리합니다. 손목 회전을 사용하세요.
② 16분쉼표를 잘 지키고, 왼손 이후 오른손이 바로 따라 나오도록 읽으세요.

SONATINE

Op.36, No.4

M. Clementi (1752~1832)

88 • 제1악장 - 소나타 형식, 바(F)장조, 4분의 3박자 • ***fz*** (포르찬도) - 특히 세게

③ 3도 동형진행은 손가락 번호를 외워서 고른 소리가 되도록 치세요.

재현부 제1주제
제2주제
코다

• 제2악장 - 겹세도막 형식, 내림나(B♭)장조, 4분의 2박자

91

② ∼(돈꾸밈음)은 그 모양대로 '본음 - 한 음 위 - 본음 - 한 음 아래 - 본음'의 순서로 치세요.

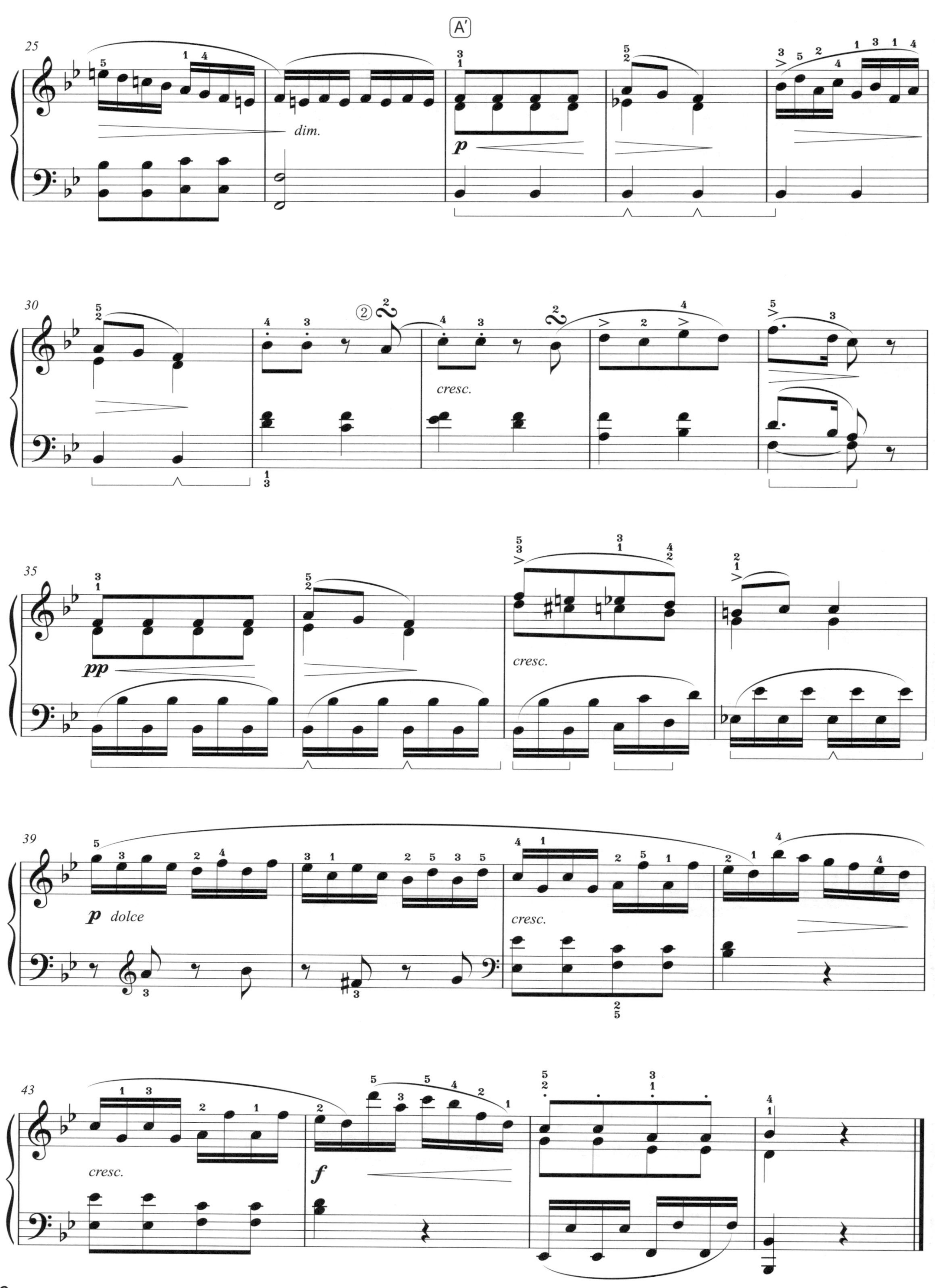

• 제3악장 - 다 카포에 의한 겹세도막 형식, 바(F)장조, 4분의 2박자

① 돈꾸밈음은 왼손 ♫♫ 에 맞추세요.

  • *segue*(세구에) - 곡을 끝내지 말고 계속 이어서 연주하라는 뜻입니다.

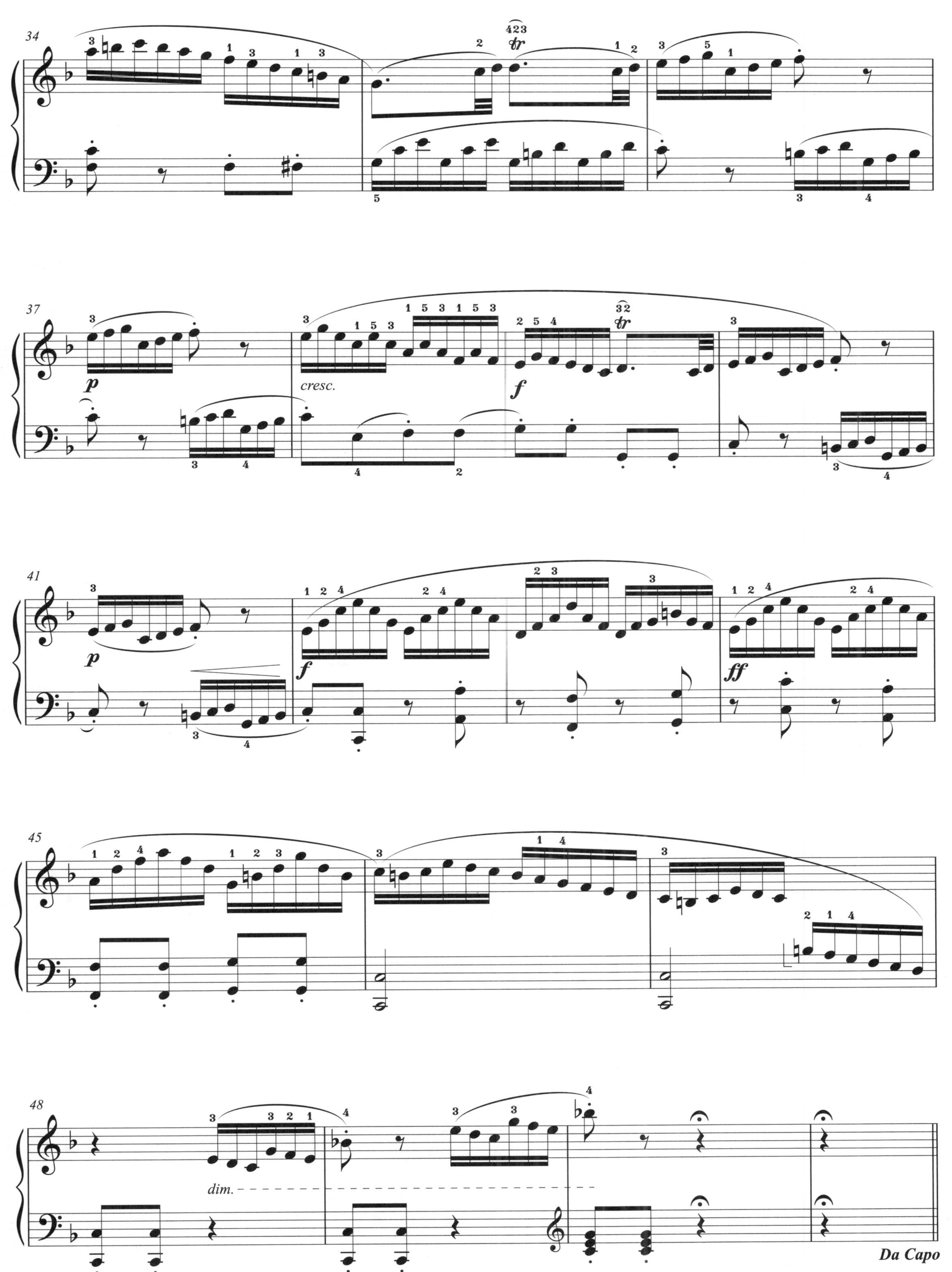

• **Da Capo**(다 카포) - 처음으로 돌아가서 연주 후 **Fine**(피네)에서 끝마칩니다.

① 2분의 2박자로 한 마디를 ♩♩♩♩(하 나 두 울)의 두 박으로 빠르게 세면서 연습하세요. 왼손은 *legato*(레가토)로, 1번 손가락을 세게 치지 않도록 하세요.

SONATINE

Op.36, No.5

제시부 제1주제

M. Clementi(1752~1832)

프레스토
Presto 매우 빠르게

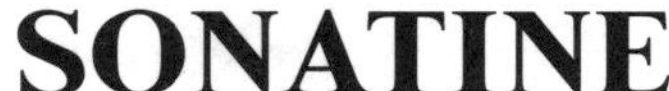

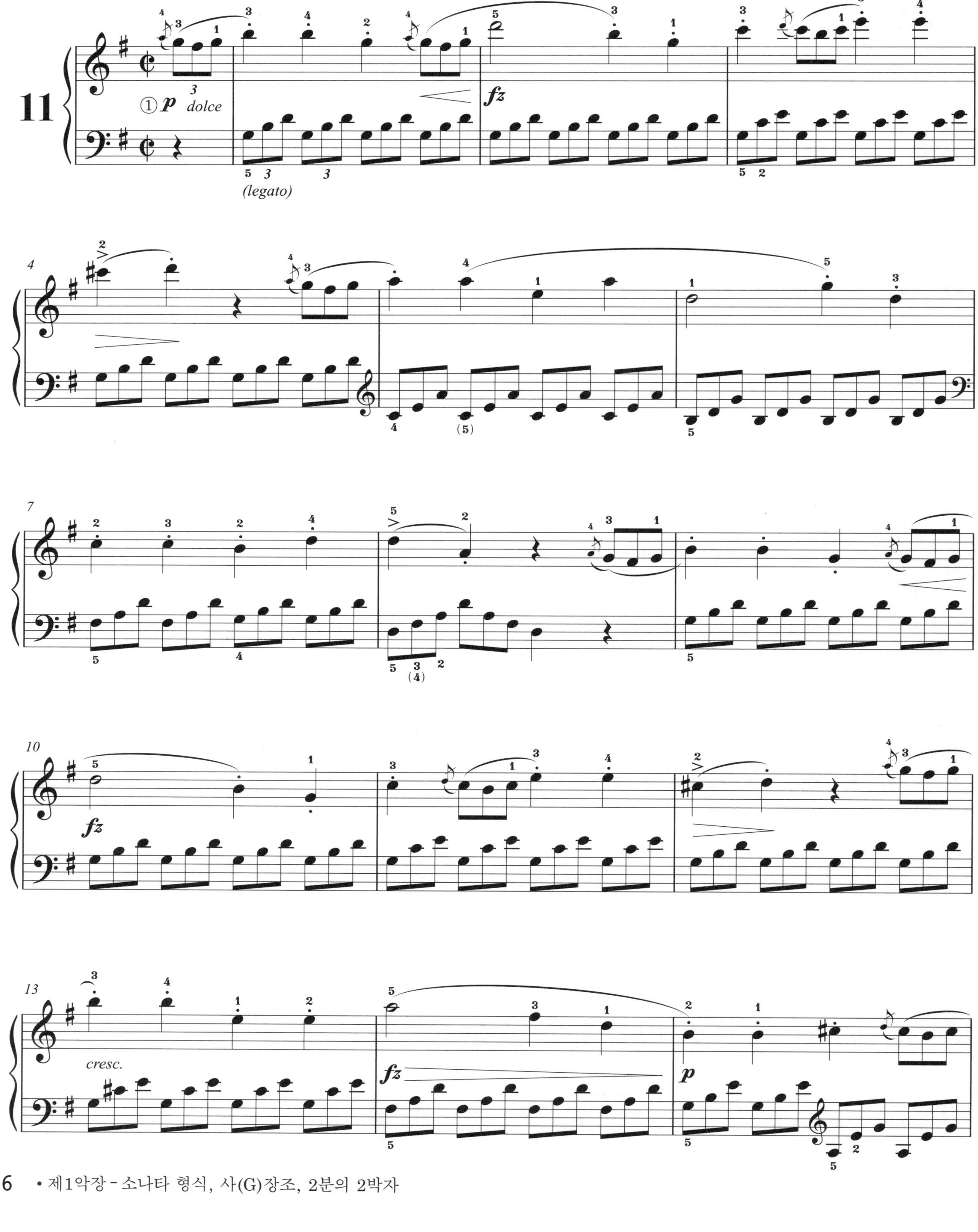

② 오른손 트릴은 왼손 각 박의 첫 음에 맞추세요. 왼손 5번에 오른손 2번 손가락이 옵니다. 많은 연습이 필요합니다.

③ 손가락을 건반 위에 바로 세우고 팔과 손목의 이동으로 치세요. 1-3번 넘기기에서 리듬이 흐트러지지 않도록 꾸준히 연습하세요.

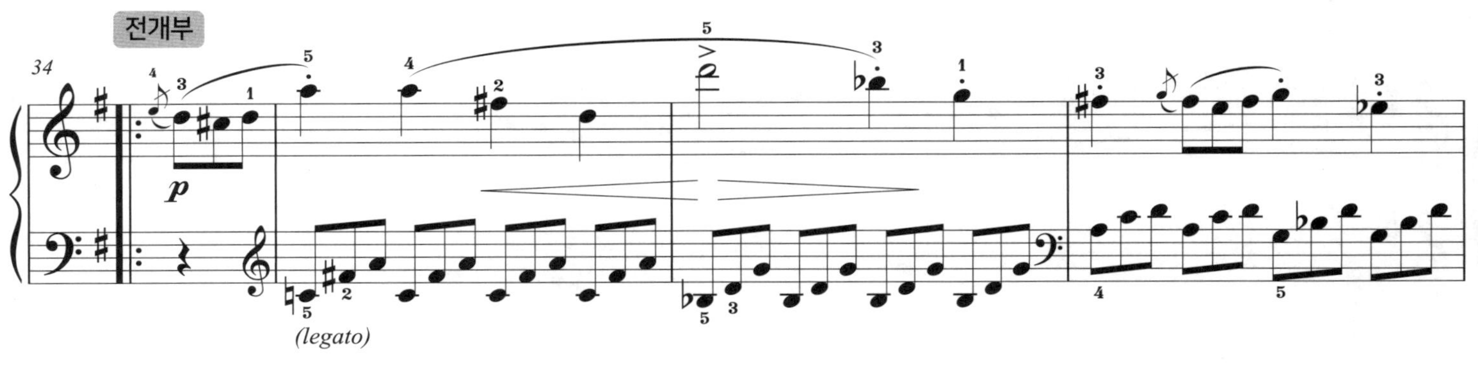

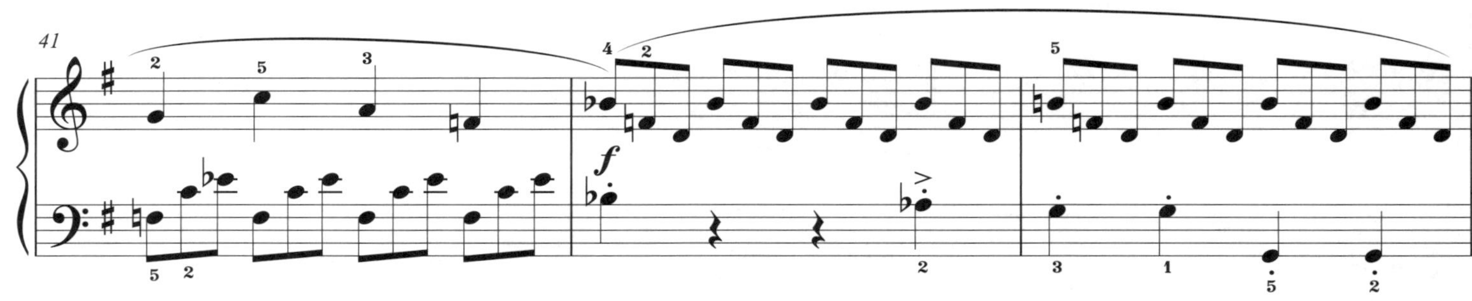

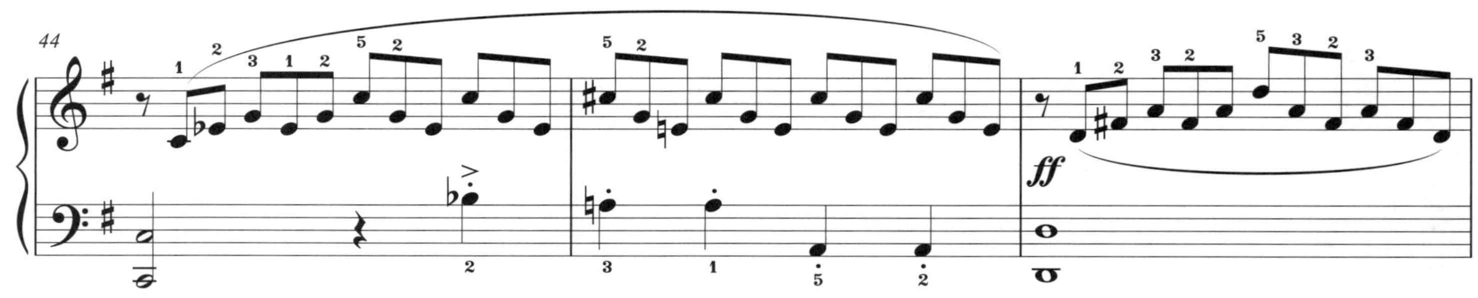

재현부 제1주제
제2주제
99

코다

• 곡 전체에 나오는 꾸밈음과 왼손 맞추기를 외우면 보다 쉽게 칠 수 있습니다.

AIR SUISSE(Original) 스위스 노래

• 제2악장 - 겹세도막 형식, 다(C)장조, 8분의 3박자

101

• *rallent.* (랄렌탄도) – 점점 느리게, 다음에 이어지는 *a tempo*에서 본래의 빠르기로

코다

① 짧은 이음줄의 끝 음 4분음표는 빠르게 끊지 말고 제 길이를 충분히 지키세요.

25
dim.
p
A'
29
33
f
37
mf
41
fz
코다
45
p
cresc.
f
p

② 왼손이 멜로디입니다. 왼손은 레가토, 오른손은 너무 세지 않은 스타카토로, 같은 음 손가락 바꾸기를 지켜서 치세요.

Fine

③ 왼손 멜로디의 *marcato*(마르카토)는 각 음을 강조하여 치라는 뜻입니다. 오른손은 **pp**로 작고 고른 소리가 되도록 연습하세요.

SONATINE

Op.36, No.6

제시부 제1주제

알레그로 콘 스피리토
Allegro con spirito 빠르고 생기 있게

M. Clementi(1752~1832)

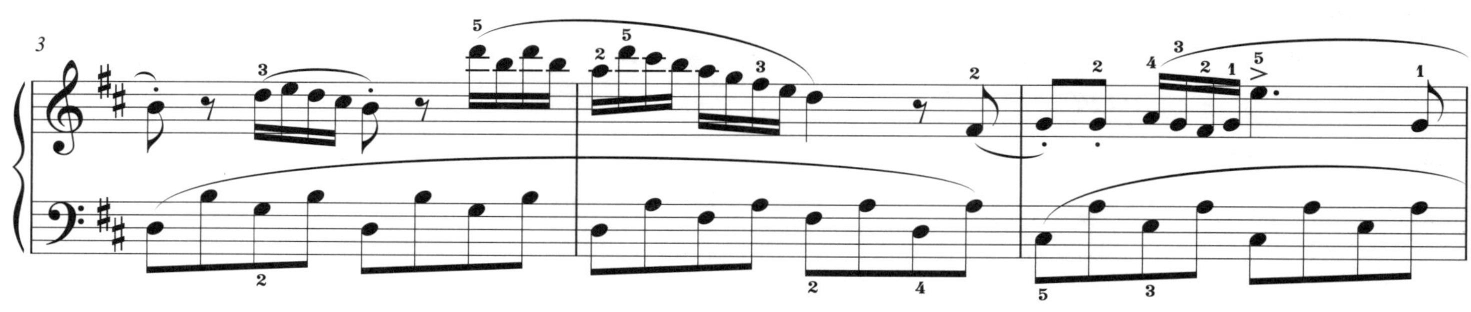

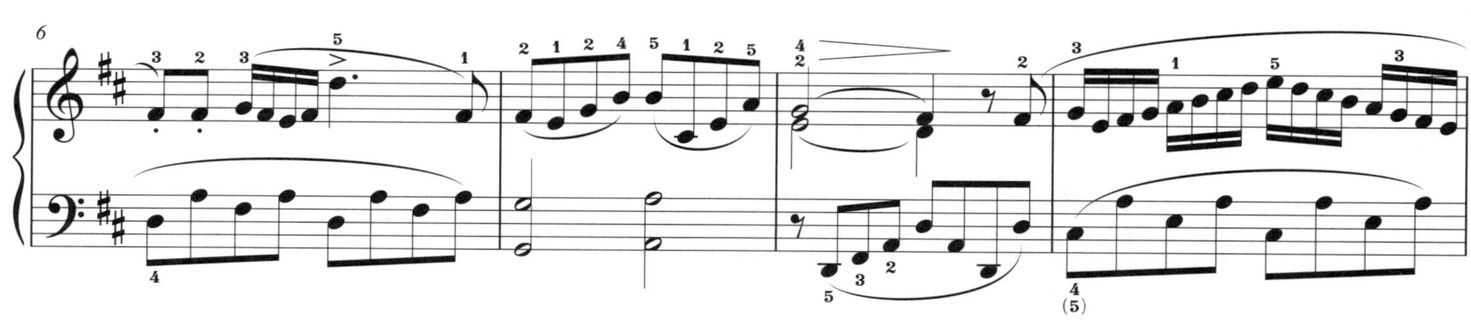

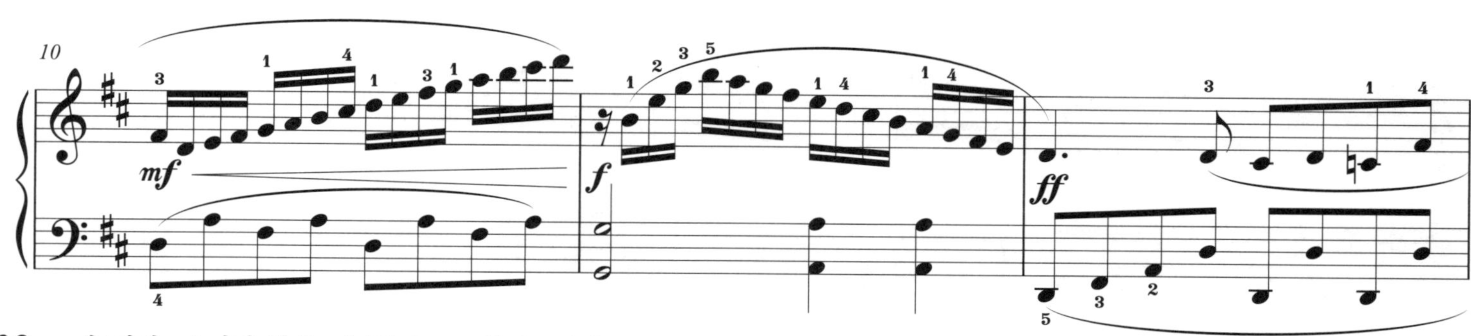

② 제2주제는 부드럽게 레가토로, 특히 같은 음 손가락 바꾸기 2-3번 4-3번은 충분히 이어지도록 연습하세요.

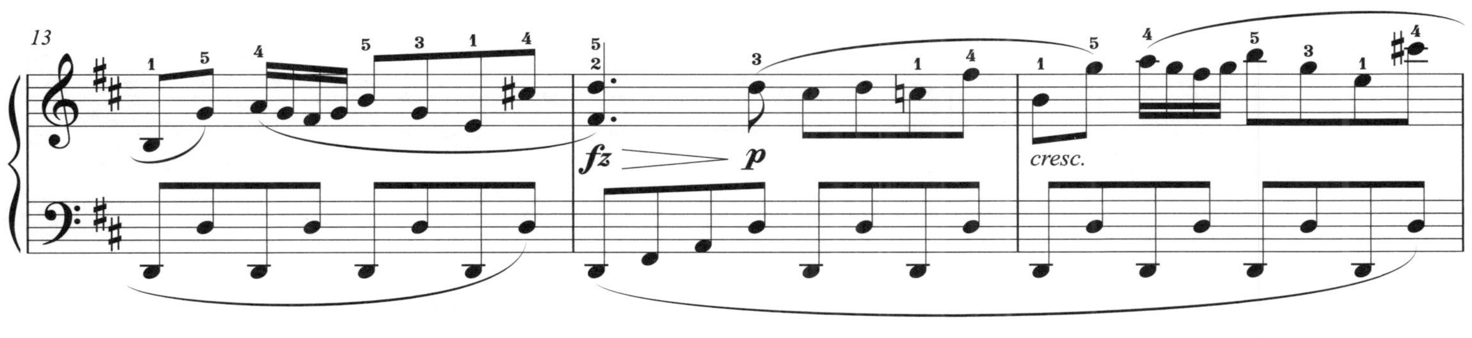

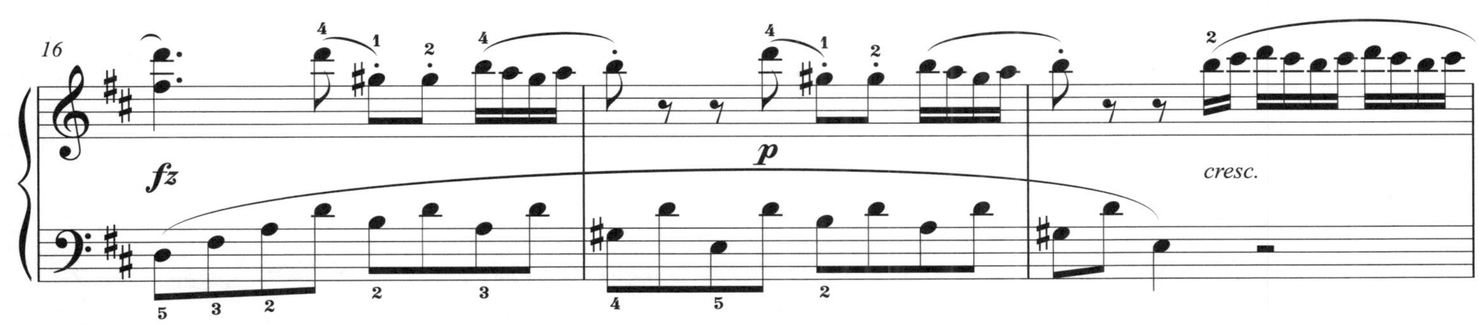

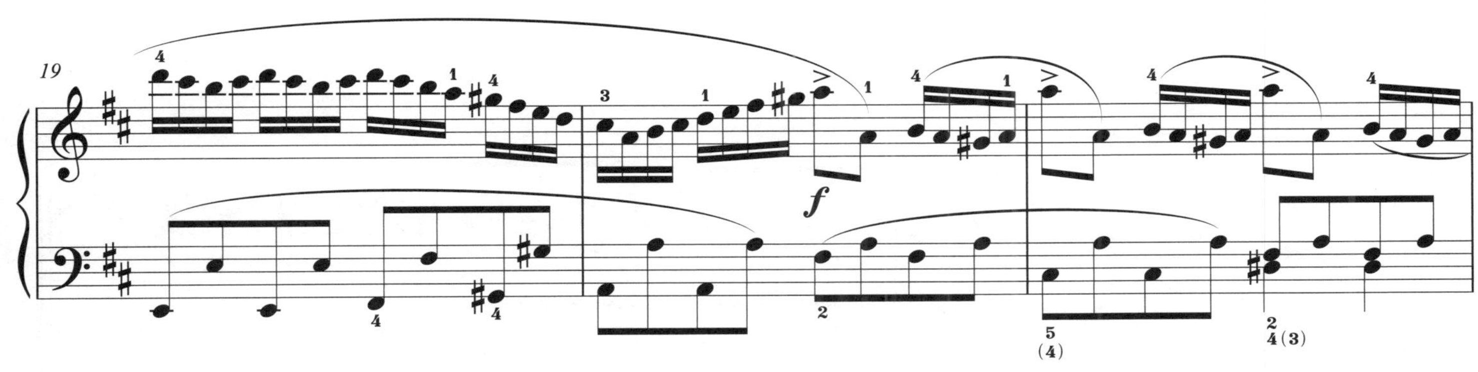

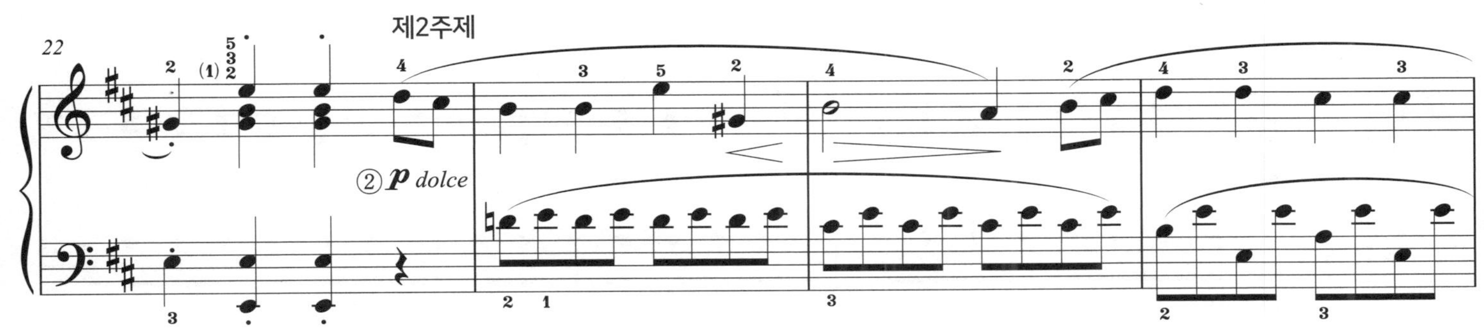

③ 왼손 스타카토 1-2번의 반복은 소리가 고르게 나도록 치세요.

• *dim. e poco ritard.* (디미누엔도 에 포코 리타르단도) – 점점 여리고 조금씩 점점 느리게

111

④ 오른손 5-2번은 손 모양을 좁히면서 리듬이 느려지지 않도록 하세요.

• *dim. e poco ritard.* (디미누엔도 에 포코 리타르단도) - 점점 여리고 조금씩 점점 느리게

제2주제
코다
113

① 겹음 $\frac{5}{1}$번은 ↓(깊숙이 누르고), $\frac{4}{2}$번은 ↑(슬며시 들어 올리며) 손목 상하 운동을 이용하세요.

RONDO

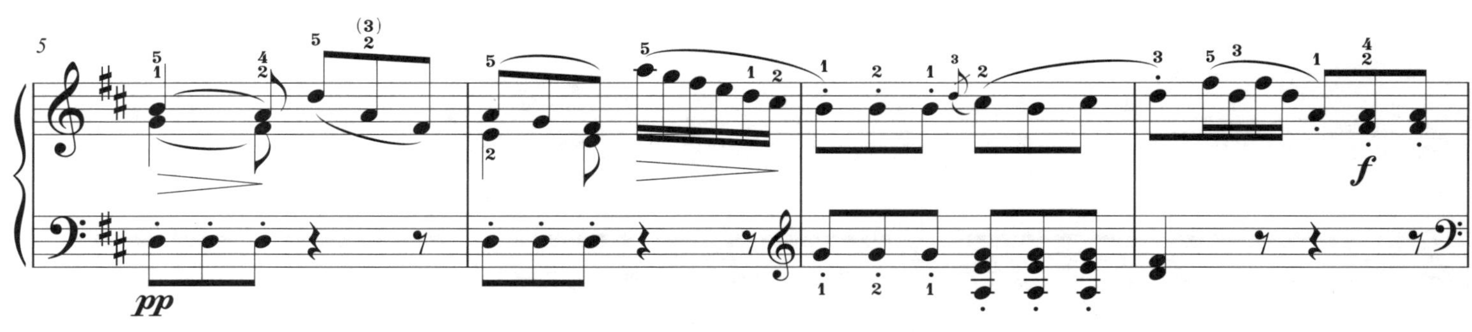

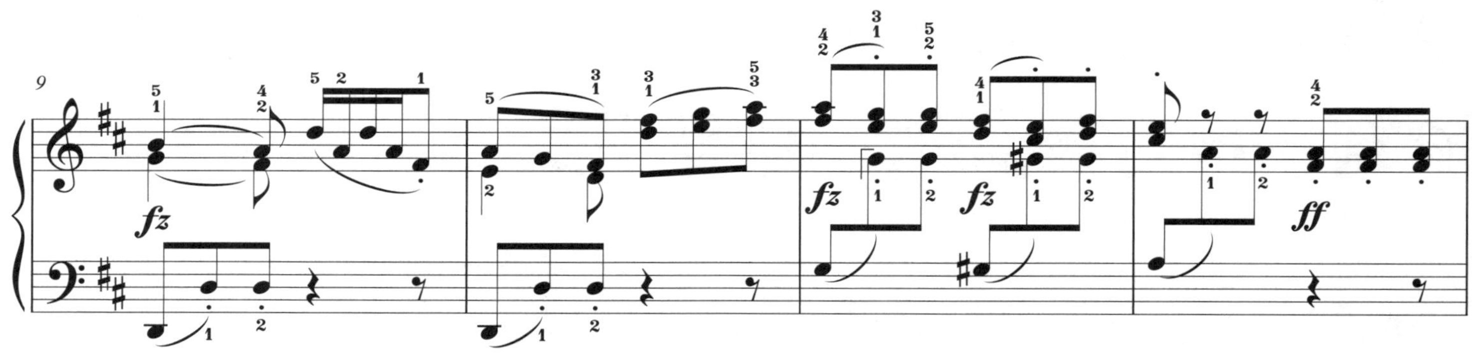

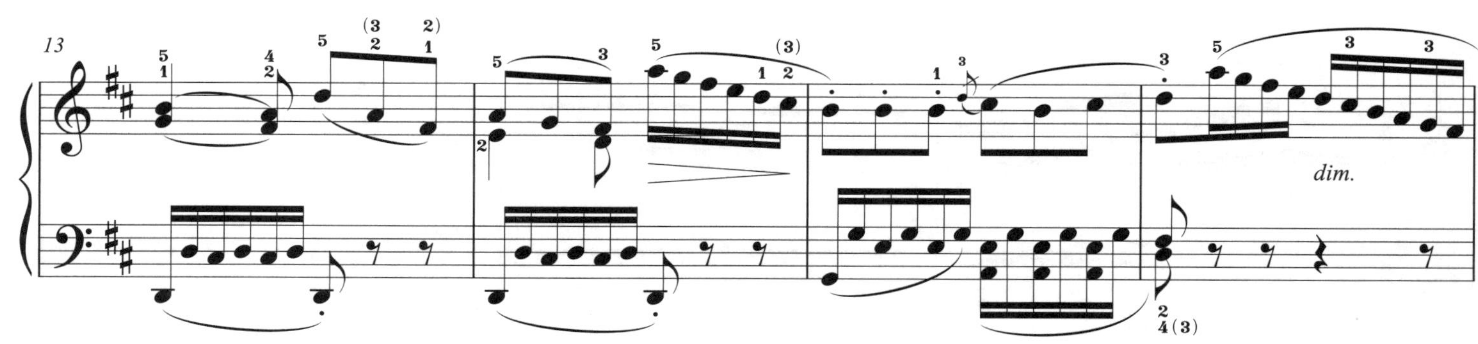

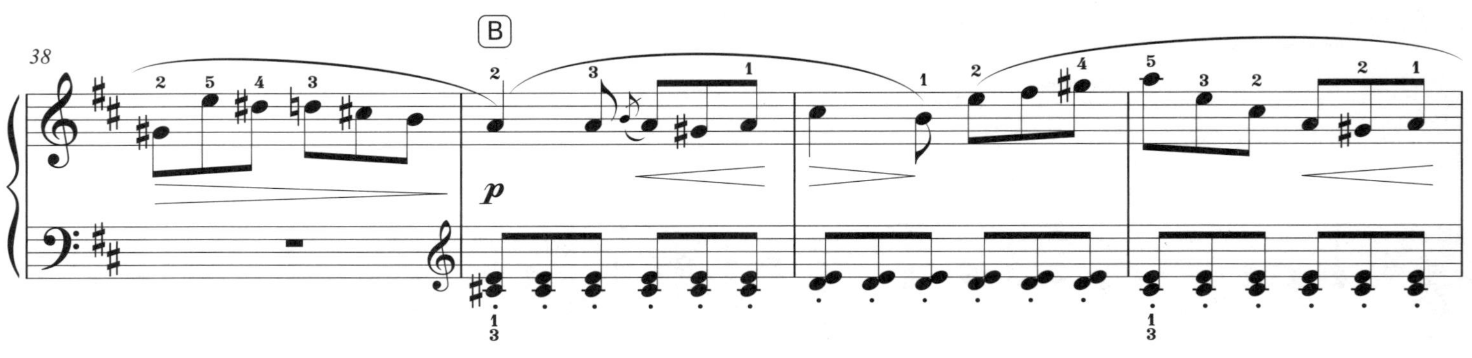
B

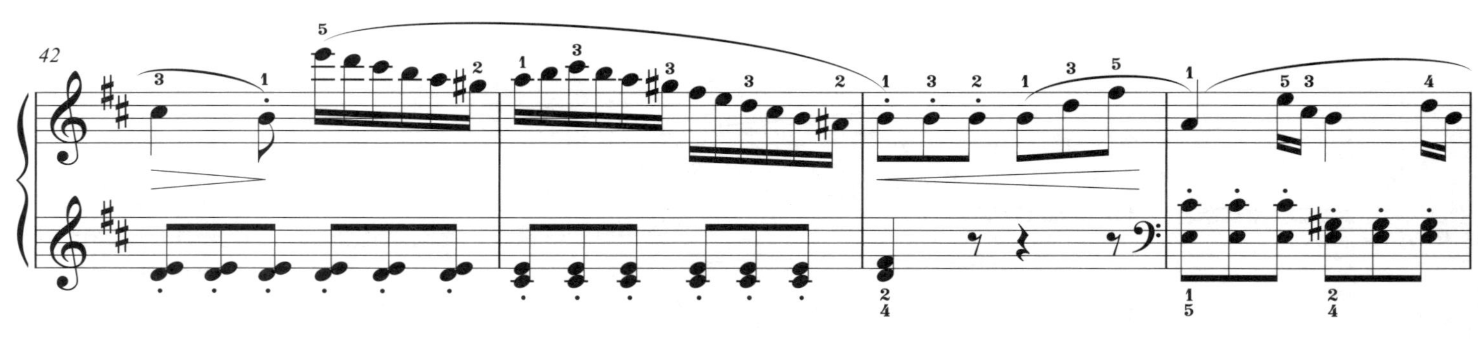

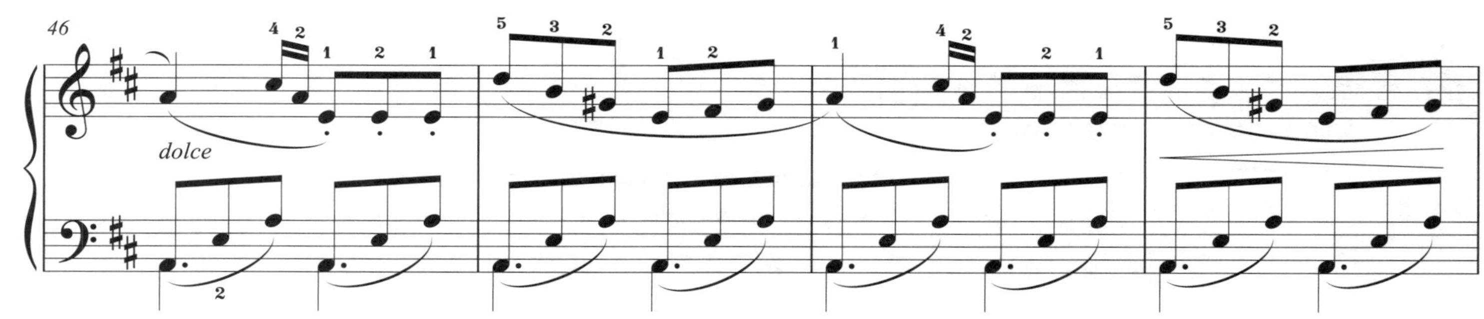
dolce

③ 3마디에 걸친 긴 트릴은 왼손의 리듬에 맞추어 박자를 지켜서 읽으며 연주하세요.

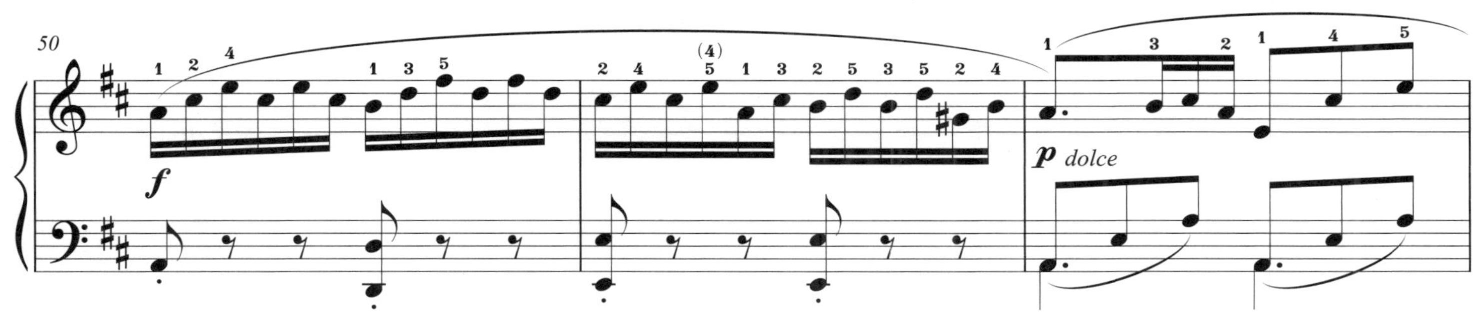

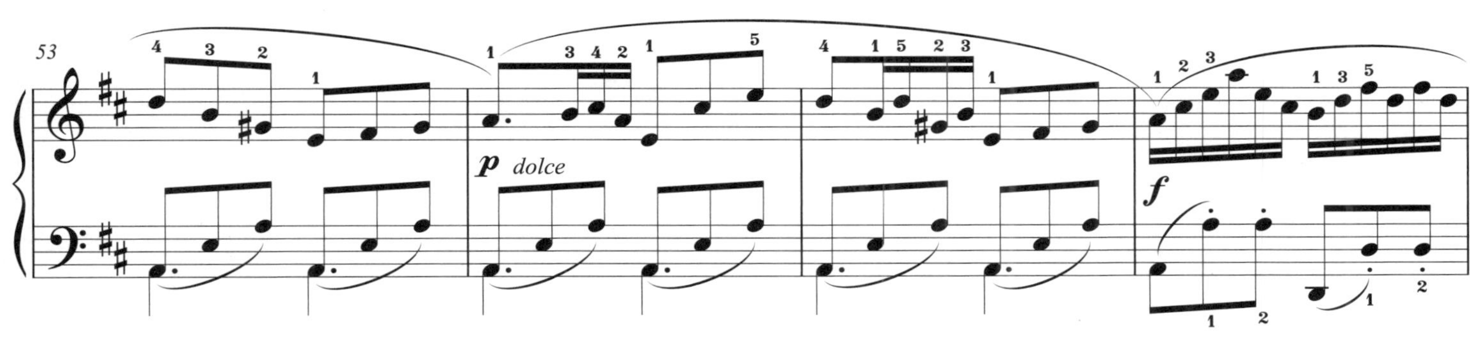

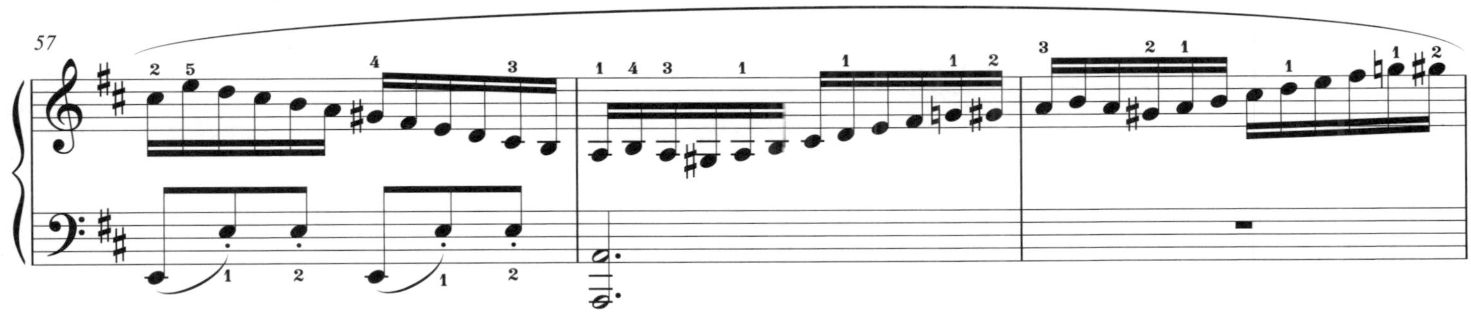

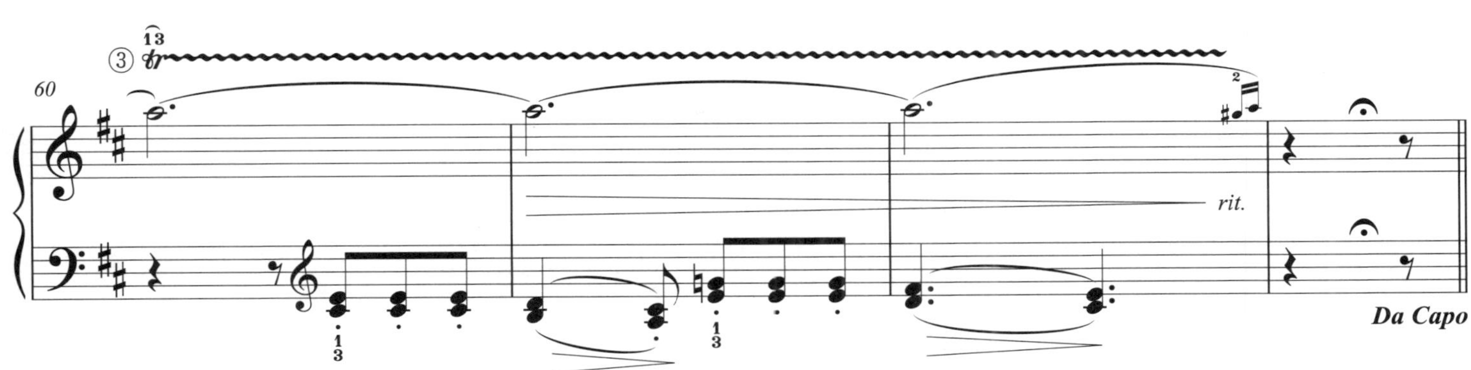

SONATINEN

소나티네 앨범

F. Kuhlau | M. Clementi

발행일 2026년 4월 13일

편저 그래서음악연구소(somusic LAB.), 편집부 편
발행인 최우진
편집 이슬기
사보 김승진
디자인 박경미

발행처 그래서음악(somusic)
출판등록 2020년 6월 11일 제 2020-000060호
주소 (본사)경기도 성남시 분당구 정자일로 177
　　　(연구소)서울시 서초구 방배4동 1426
이메일 book@somusic.co.kr

ISBN 979-11-24047-15-6 (93670)